奔向幸福

——琴岛家庭蝶变笔踪

陈素平　著

中国海洋大学出版社

·青岛·

图书在版编目(CIP)数据

奔向幸福：琴岛家庭蝶变笔踪 / 陈素平著. —青岛：中国海洋大学出版社，2022.7
ISBN 978-7-5670-3214-9

Ⅰ.①奔… Ⅱ.①陈… Ⅲ.①计划生育－工作－青岛－文集 Ⅳ.①C924.2-53

中国版本图书馆 CIP 数据核字(2022)第 126989 号

奔向幸福
——琴岛家庭蝶变笔踪
BENXIANG XINGFU
QINDAO JIATING DIEBIAN BIZONG

出版发行	中国海洋大学出版社		
社　　址	青岛市香港东路 23 号	**邮政编码**	266071
出 版 人	杨立敏		
网　　址	http://pub.ouc.edu.cn		
电子信箱	shirley_0325@163.com		
订购电话	0532－82032573(传真)		
责任编辑	王　慧	**电　话**	0532－85901092
印　　制	北京虎彩文化传播有限公司		
版　　次	2022 年 7 月第 1 版		
印　　次	2022 年 7 月第 1 次印刷		
成品尺寸	170 mm×230 mm		
印　　张	14		
字　　数	242 千		
印　　数	1～1000		
定　　价	58.00 元		

发现印装质量问题,请致电 010－84720900,由印刷厂负责调换。

序

　　人口问题是关乎全球发展的主要社会问题之一,是当代许多社会问题的核心。计划生育是我国长期坚持的基本国策,取得了举世瞩目的成就。

　　人口问题很大程度上是健康问题。从"计划生育"到"全方位、全周期维护人民健康和生命安全",是青岛卫生事业的重大转变,也是岛城家庭从多子多福到少生优生,再到更加注重身心健康,更加注重生活质量,奔向幸福的蝶变。

　　20世纪90年代,我通过新闻稿件的来往认识了陈素平同志。如今,她在卫生和计划生育宣传岗位上已耕耘、奉献了30余年。勤奋、认真、务实,有新闻敏感性,善于捕捉工作亮点是她给我的多年不变的印象。

　　在这本书里,陈素平以饱含深情的笔触积极宣传青岛市不同历史时期的卫生和计划生育工作成果,热情讴歌青岛社会各界为计划生育国策、人民健康呕心沥血、无私奉献的风采,并密切结合工作实际,以新闻评论等形式,及时总结工作经验、针砭时弊,较好地发挥了舆论导向作用,有些获奖作品和对典型的宣传在社会上引起了强烈反响。

　　书中所选作品客观、真实,从一个侧面展现了岛城家庭蝶变的轨迹,在字里行间折射出我国从控制人口数量,向以人为本、健康促进、公共服务、统筹发展体制机制的转型。

《人口健康报》总编辑　王爱平

2022年2月

目 录

人物篇

综合篇

特写篇

调研篇

理论篇

访谈篇

人物篇

钟情国策,乐于奉献

　　1983年,张玉瑞由中学副校长调任宝山乡副乡长。当时乡里的计生工作难以开展。张玉瑞主动请缨,挑起了落实国策的重担。两年之后,他抱回了"全国计划生育先进乡镇"的奖状。这一年,赶上干部调整,不少单位争着要这位干将,可他毅然选择去了县计生委,在副主任的岗位上,一干就是6个年头。

　　晋升为胶南市计生委主任,他深知承担的责任和压力更大。新官上任,他从最基础的工作抓起。多年的工作实践使他深深体会到要创一流的工作成绩,必须要有一流的工作队伍。他向市委、市政府领导汇报,对全市乡镇计生干部进行业务考试、工作考核,对经"双考"不合格或40岁以上、难以适应工作需要的人员,根据情况另行妥善安排,同时注意从国家干部、大中专毕业生中择优选用人才,分期分批地对全市计划生育干部进行轮训,使全市专业队伍的整体素质有了明显提高。

　　深入调查研究是张玉瑞的老习惯。每到一处,他进的不只是乡政府、村委会的大门,更多的普通老百姓的家门。他盘腿坐在农民的炕头上,边唠着家常,边摸清了基层计划生育的实底。全市1018个行政村,他几乎跑了个遍。

　　他针对工作中的薄弱环节,狠抓基层基础工作,健全了统计例会、联合会审、统计报表和通报制度,完善了统计合格率的相关措施;建立并完善了流动人口计划生育属地化管理体制,加强了经常性工作,强化了计划生育宣传教育,提高了全市计划生育工作规范化管理水平和服务水平。

　　对情况越了解,对问题洞察得越透彻,他的指导行为就越切中肯綮,并会取得令人瞩目的成就。

　　如今,胶南市王台前村的节育措施知情选择试点工作、海青镇建立的"人口基金会"和推行"三结合"等典型经验,已经在全市、全省乃至全国得以推广。更可喜的是,胶南市已连续5年获得青岛市人口与计划生育责任目标考核一等奖,1995年度获山东省"三为主"先进市荣誉称号。1996年胶南市成功地迎接了国际计生联评估团对该市计生工作的考察评估,赢得了国际友人的充分肯定,受到了中国计划生育协会的表扬。

　　在繁忙的工作之余,他还撰写了《研究人口再生产特点》《科学管理计划生育》《浅议实行计划生育合同公正》等论文,受到理论界专家的一致好评。

　　来自基层的张玉瑞深知,胶南市计生工作的成绩得益于成百上千个还拿着农村户口簿、战斗在第一线的工作人员,而在他们默默无闻的奉献和牺牲背后,有着许多苦衷。张玉瑞积极协调有关部门为他们解决"农转非"的问题,落实报酬,为一大批基层工作人员解除了后顾之忧。有一位乡镇计生干部肝上长了肿瘤,仅做手术就需要5万多元,全家都傻了眼。张玉瑞听说后,四处奔波筹资,并通过工会组织号召全系统伸出温暖的手捐资救助,很快就筹资2万多元。

千金买马骨。张玉瑞期冀的不是感激,不是颂扬,更不是利益,而是用自己最实实在在的行动,来召唤和鼓励人们献身计生事业。

(《中国人口报》1997年6月10日2版)

上门女婿李殿雷

前不久,笔者慕名来到胶南市长泰缝纫学校,面对高高耸立的教学楼和进进出出的百余名学员,笔者怎么也没想到,它的创始人竟是一对普普通通的农村夫妇,男主人李殿雷还是上门女婿呢!

李殿雷老家在胶南市理务关乡一个偏僻的小山村,因为姊妹多,家里穷,初中毕业后,他不得不放弃学业,替父母分担起生活重担。为了找个挣钱的门路,他外出学了服装加工技术,在胶南县城做起了服装加工生意。一次偶然的机会,李殿雷认识了和他经历相似的张顺香。共同的志趣使两个年轻人的心紧紧地连在了一起,他们相爱了,但张顺香的父母坚决反对。张顺香家在胶南市城郊,姊妹5个,家境也不宽裕,父母说什么也不愿女儿找个偏僻山村的"穷光蛋",可张顺香就认准李殿雷了。1978年,这对有情人终成眷属,李殿雷随张顺香在娘家落了户,当上了上门女婿。小两口租了间房子,既当卧室,又当工作室,做起了服装加工生意,憋足了劲干出个样来给家人看看!

为了尽快发家致富,小两口主动与村签订了晚育合同。1981年,他们终于攒足了钱,盖起了第一幢楼房,有了安定的居所。这一年,他们双喜临门,又添了个大胖小子。孩子刚刚满月,李殿雷就到计生办领取了独生子女证,并带媳妇去计生办放了节育环。李殿雷是上门女婿,本来李殿雷夫妇符合政策可以生二胎,但他们体会最深的是,老一辈人受一辈子穷,孩子也得不到好的教育和培养。党中央、国务院发出《关于控制我国人口增长问题致全体共产党员、共青团员的公开信》,提倡一对夫妇只生一个孩子。他们积极响应党的号召,主动放弃了二胎生育指标,而且义务当起了计划生育宣传员。李殿雷逢人就说:"只要发家致富,过上好日子,培养好孩子,一个比十个强!"就这样,小两口专心钻研服装加工业务,李殿雷报考了上海的函授大学服装设计专业,系统地学习理论知识。渐渐地,他们的生意越来越红火,他们成了远近闻名的致富能手。为了使更多的人有一技之长,尽快脱贫致富,他们办起了长泰缝纫学校,根据多年的实践经验编写了教材,开始了教学生涯。1996年,在镇、村计生协的扶持帮助下,他们又贷款17万元建起了使用面积达100多平方米的四层楼房,作为教学楼。到目前为止,来自各地的上千名学员经他们培训大部分已独立开业了,有的还带起了徒弟。其中,有12位残疾人在长泰缝纫学校学成后走上了自立自强的道路。

　　仅仅几年的时间小两口不仅还清了贷款,还有了一定的积蓄,2006 年又在胶南市黄金地段——人民路租赁了服装设计工作室,专为城里人设计款式新颖、时尚的服装。生活富足了,他们能更好地孝敬老人。李殿雷远在偏僻山区的父母被接来县城,过上了城里人的生活。岳父、岳母也很自豪,逢人便夸:"如今,儿女都一样,有个好女婿也很好!"

　　　　　　　　　　　　　　　　　　(《青岛日报》2002 年 3 月 9 日 11 版)

傲雪红梅迎春早

　　早听说城阳区流亭街道赵村社区计生主任、协会秘书长高红梅战胜病魔、忘我工作的故事。"三八"妇女节前夕，在流亭街道计生办巧遇正在排练节目的高红梅，笔者怎么也不相信眼前这位健康活跃的中年女性曾是一位癌症患者，更没想到是她和姐妹们的辛勤努力使赵村社区连续15年没有违法生育的情况。

　　赵村社区地处城阳工业园区，户籍人口4570人，流动人口达2923人。为进一步提高计生管理服务水平，高红梅2002年上任后主动到用工单位做工作，取得企业负责人的理解和支持，帮助长殷服装有限公司等大型企业组建了计划生育协会，协助企业定期开展计生政策法规、避孕节育、生殖健康等的宣传活动，在不耽误职工工作的前提下，为女职工提供孕检等服务。利用节日、假日或工作日的晚上，带领育龄妇女小组长入户走访，送宣传、送服务上门，将流动人口纳入了规范化管理，帮助流动人口解决孩子入托、上学等困难，以热情周到的服务赢得他们的理解和配合。就这样，天长日久，高红梅和育龄群众成了朋友，成为育龄群众的贴心人。群众有事都愿找她帮忙，高红梅乐此不疲地忙碌着……

　　然而，天有不测风云，2005年12月，高红梅被确诊患上了乳腺癌，随即做了手术，术后需要化疗、休息，但她上午做完化疗，下午就坚持到单位上班。正是靠着这种无私奉献精神和耐心、细致的工作，2008年赵村社区长效节育措施落实率达73%。高红梅不仅以自己的真诚和热情去感动人，也以自己的昂扬斗志和对工作的执着去激励人。2006年的"三八"妇女节是她做完手术后的第一个节日，身体正处于恢复期，谁也没想到上午刚做完化疗的高红梅，下午居然站在主席台上充满激情地演讲，并和姐妹们同台表演了《只生一个好》《苦果相亲》等文艺节目，使群众在潜移默化中树立了少生、优生等婚育观念。

　　"现在工作理顺了，群众觉悟提高了，工作好干了，计划生育的春天到来了！"如今，高红梅充满健康活力，展望未来时信心百倍。

　　　　　　　　　　　（《青岛日报》2009年3月21日6版，陈素平、邵守嵩）

一个民间艺人的"国策"情怀

"彩绸翻卷舞长空,婚育万家送春风。计划生育人称颂,传遍了东西南北中。奖励扶助百姓乐,声声竹板唱计生……"这朗朗上口的快板词,是由青岛开发区著名农民艺术家薛德勇创作的。

今年 59 岁的薛德勇,是青岛开发区长江路办事处薛辛庄社区居民,在开发区是家喻户晓的文艺"大腕"。他从 16 岁起,就用民间文艺这种群众喜闻乐见的形式赞美时代,讴歌社会主义建设,创作出 70 余万字,数百篇具有浓郁时代气息的文艺作品,包括快书、数来宝、快板、表演唱、三句半、歌曲等形式,或在报刊上发表,或在舞台上表演,把精神文明的火种播撒到千家万户。

自从我国实行计划生育,薛德勇创作了 30 余篇以计划生育为题材的作品,热情讴歌党的计划生育政策和在计生战线上无私奉献的工作者。为帮助人们转变陈旧落后的婚育观念,薛德勇创作了《计划生育利万家》《计划生育人称颂》等歌曲,并亲自当导演,组织育龄妇女利用茶余饭后在街头搭台演唱。每当薛德勇和他的演员们在街头演出,村里男女老少顾不上在家看电视,都纷纷跑出来看演出,不少群众还主动参与其中,使薛德勇的演员队伍不断壮大,最终形成了一支深受群众欢迎的文艺宣传队。最为可贵的是,妻子汤红非常理解并支持他的工作,每当丈夫创作了新的作品,她不但是第一个读者,而且是第一个演员。她和姐妹们演唱着丈夫谱写的歌曲,心里比蜜还甜。见到笔者,她情不自禁地唱了一段:"正月里,闹元宵,计划生育党号召。多生不如少生好,我的姐妹哟,多生孩子多忧愁。"

由于薛德勇夫妇对计生工作的热爱和对群众的满腔热情,1990 年,妻子汤红被群众推选为村计生主任。从此,薛德勇创作计划生育作品的素材更丰富了。妻子从事计生工作的艰辛,薛德勇看在眼里,疼在心里,对妻子更是增添了几分敬重。歌曲《计划生育工作者之歌》《迎接明天的曙光》表达了他对计生工作者无限崇敬的心情。"戴满天星斗,披一身晨霜,踏遍了楼群院落,奔波于城区村庄,为了每个家庭的幸福,为了母子的安康……"每当汤红和伙伴们唱起这些歌,心中便充满了力量!如今《计划生育工作者之歌》成为青岛开发区计生工作者的流行歌曲,鼓舞着他们更加努力地为育龄群众做好服务。为了帮助更多的人理解、支持计生工作,薛德勇还创作了《夸丈夫》《夸婆婆》等作品,使一些总以为计划生育是女人的事的男同志树立计划生育丈夫有责的意识,主动承担起计划生育责任;一些老人逐步转变了旧观念,开始理解并支持子女实行计划生育。当然,计生工作并非是仅仅依靠文艺演唱就能做好的,面对个别群众的不配合,汤红也有消极、气馁的时候。每当此时,薛德勇就给她打气:"干什么容易?! 既然大伙推选了你,就是对你的信任,个别人暂时想不通也可以理解,你得大道理、小道理地耐心做工作呀!"接着,他充满激情地唱起了《迎接明天的曙光》等歌曲,使汤红重新鼓起了勇气,投入工作。

如今,汤红担任村计生主任近 20 年了,薛辛庄村没出现一例计划外生育,有400 对育龄夫妇主动推掉二胎生育指标。汤红当着众人的面大大方方地说:"多亏老公的支持和帮助!"

(《人口导报》2009 年 8 月 24 日 8 版)

余晖在奉献中闪光

胶州市胶莱镇赵家闸子村 20 多年来没出现一例违法生育现象,群众经济收入逐年递增,2009 年全村人均收入达 1.1 万元,一个仅仅 500 口人的小村日益显示出兴旺发达的勃勃生机。群众说,村计生协会会长赵钦帮功不可没。

今年 70 多岁的赵钦帮曾干过 17 年村支书,两个儿子都已成家立业,大儿子生了两个女孩后自觉做了绝育手术,在部队服役的小儿子在生了一个女孩后主动退掉二胎生育指标。从孩子们身上,群众再一次看到了赵钦帮思想的开通、无私。1995 年,大家推选他任村计生协会会长。他二话没说:"中!只要群众信任,我这把老骨头就豁出去了。"在村"两委"的支持下,他请来了几位退休老教师、老党员、老干部,组成了协会理事会,发动全村有一技之长者和致富能手加入协会,很快有 60 多人成为协会会员。登记造册,划分小组,建立协会活动日和联系户制度,协会工作红红火火地开展起来了。为了把计划生育宣传教育搞得有声有色,赵钦帮根据当地群众爱唱柳腔的传统习俗,把计划生育、精神文明、科技致富的有关政策和典型编成歌曲、戏剧等,组织群众劳作之余排练了秧歌、三句半、二人转等群众喜闻乐见的文艺节目。每逢传统节日和重大宣传日,他们便敲锣打鼓,走上街头,开展多种形式的宣传,群众的婚育观念在自娱自乐中悄然发生了变化。为带领群众科学种植、养殖,赵钦帮自费征订了报刊,从报刊上摘录有关资料,分门别类地装订成册,以此作为协会活动的学习资料。几年来,他积累了"农友之窗""畜禽疾病防治""农机保养""妇幼保健""普法讲座""林果管理"等方面的 200 余条科普知识,定期组织群众学习,并和其他会员一起在田间地头帮助群众具体操作。去年,赵钦帮从报刊上看到采用新技术种植大蒜可增产的新闻后,及时举办了两期新技术种植大蒜讲座,使全村种植的 18 亩大蒜平均每亩比上年多收入近千元。群众得到了实惠,心对协会靠得更紧了。

在赵家闸子村,随时可听到群众对协会的赞扬声。自从有了协会,群众感到又多了一层保障,更有了依靠,感受最深的要数"五保"老人郭翠芳。她是协会重点帮扶的困难户之一。几年来,赵钦帮一直把郭翠芳的困难放在心上,安排会员及时为她送粮、送水,从未间断,感动得她逢人便说:"计生协真好,我这没儿没女的再也不愁了。"很早就失去双亲的本村青年张子仁 30 多岁了,一直没娶上媳妇。赵钦帮看在眼里,急在心上。赵钦帮像对待自己的亲生儿子一样扶持张子仁,帮助张子仁学技术。后来张子仁在村蛋糕厂当上了技术工人,每月有了比较稳定的收入。如今,大姑娘已向张子仁抛了绣球。协会正张罗着为他办喜事呢! 说起来协会办的事也平平常常,但威信就这样在群众中一点点树立起来了。群众说,俺们离不开计生协,更离不开老赵。

　　赵钦帮最近更忙了,他忙着和群众策划致富项目,忙着筹建人口文化促进会,从根本上转变群众的婚育观……他的设想多着呢!

(《青岛财经日报》2010 年 11 月 17 日 B3 版)

用行动诠释优秀

　　他，三十七八岁的年纪，平时话语不多，眼睛里却透着一股精干和刚毅，处事总让人感到他这个年龄少见的严谨、沉稳、老练。多年来，他凭着强烈的事业心和责任感爱岗敬业、无私奉献，坚持原则、廉洁自律，为人口计生事业做出了突出贡献。他，就是市人口计生委办公室主任、市优秀公务员于学江。

勤奋敬业，无私奉献

　　作为办公室主任，于学江多年来养成了一个习惯：凡事想在前，干在前，争主动。几乎每天早晨 8 点前他就到岗了，晚上常常是 8 点后才离开，没有星期天、节假日，多少年如一日，加班加点。

　　近年来，于学江年均起草重要文稿 30 余万字；制定和完善了一系列内部管理制度，规范机关工作流程，并抓好落实；做好综合协调，先后牵头承办了全国、单列市人口计生工作经验交流会，全市年度人口计生工作会等一系列大型会议，协调抓好了中央、省、市有关人口计生工作文件的贯彻落实；组织全市开展了计生 QC 小组活动等，使青岛市获奖数量在单列市中排名第一；办公室承担的政务信息工作连续多年获国家、省人口计生委和市委、市政府表彰。

　　自去年兼任丰县路管委会办公室主任以来，于学江肩上的担子更重了。项目建设前期，他制定工作进度表，将工作事项进行具体分工和责任分解；与发改委、财政局、审计局等部门对接，做好规划设计、装修工程招投标等基础性工作。项目建设过程中，他每天早晨 7 点赶到工地，与建设方对接，安排当天的工作，每天在工地上检查、督导施工的每个环节，搞市场调研，确定材料价格等。中午，他总是最晚一个到餐厅吃饭，匆忙吃几口就离开，召集相关人员开碰头会，落实好当天要完成的各项工作。晚上，他常常是 9 点后才回到家。家里的一切事情他顾不上，自己感冒、闹肚子没时间去医院，就吃点药，继续工作。其间，岳父、岳母双双因病住院，他未能在床前尽孝。两位老人当时挺有意见，他心里也很愧疚，贤惠的媳妇却总是那么理解和支持他。去年冬天，当媳妇看到他坐在工地简易办公室里写材料冻得直跺脚，第二天便为他买了一双棉鞋。于学江心里暖暖的，嘴上没说什么，却以更加努力的工作报答亲人的关怀。前不久，岛城夜间下了一场大雨，半夜两点左右，于学江在睡梦中被雷声惊醒，马上意识到：丰县路培训基地的门窗是否关好？刚施工过的部位是否漏雨？……于是，他连夜冒雨赶到培训基地现场，亲自检查一遍才放心离去。

就是凭着这种勤奋敬业和无私奉献的精神，无论在哪里，无论负责什么工作，他总能出色地完成工作任务，让领导放心，让大家满意。

坚持原则，廉洁自律

建设领域的腐败问题历来是人们关注的热点问题。然而，市人口计生委丰县路8号孕前优生健康检查培训基地建设项目，被青岛市纪委、发改委等部门领导称为廉洁工程，作为样板向全市推广。这不仅是市人口计生委党组廉洁勤政的结果，也是具体负责人于学江带领一班人坚持原则、廉洁自律的结果。

项目建设过程中，于学江带领办公室一班人，严格按照市人口计生委党组的规定，认真履行项目建设规定的程序，制定、完善并落实相关制度、流程等，没吃过施工方、监理方和材料供应商一顿饭，坚持原则，不徇私情，从根本上杜绝了项目建设的腐败问题。坚持做到"四个一律"：一律严格按照市纪委、市监察局、市发改委、市建管局、市财政局、市审计局规定的程序、要求，把每一个步骤、每一个环节走到位，不省略、不简化，确保流程规范、有序；一律严格按照市建管局、市财政局规定的时限，完成本委承担的招投标有关工作任务，不压缩时限；一律不干预市建管局、市财政局招标办职责范围内的审核、评标等工作；市人口计生委任何人一律不插手、不干预项目建设所需材料的采购。"四个一律"成为全市建设领域杜绝腐败的一项有益经验。

于学江带领丰县路管委会办公室一班人挺硬腰杆，铁面无私，严把质量关，确保了工程质量和安全。

严格管理，务实高效

做了多年的办公室工作，于学江养成了严谨、细致、一丝不苟的习惯。他对文字材料总是反复推敲，一旦定稿，几乎都是无懈可击。在丰县路培训基地工作，无论是文字材料，还是建设过程的各个环节，无不体现着他的这种严谨、细致，正是这种严谨、细致和勤奋努力，才使得项目建设从今年3月份开工，到7月19日完成全面验收，用了短短3个多月的时间保质保量地圆满完成，创造了建设领域的一个奇迹！

"于主任让我联系施工单位，问他们什么时间到，我说上午，他非让我精确到具体几点不可。"在丰县路管理委员会办公室工作的杨继东着实体会到了于学江对工作的严格要求。杨继东负责基建档案工作,没少挨于学江"批评",开始整理时落页、漏项,于学江严格要求他分类存档,补齐缺项。在于学江的具体指导和帮助下,以前从没接触过档案工作的杨继东终于规范地整理出 33 卷、860 份基建档案,受到市人口计生委领导及市发改委、市纪委等部门有关领导的好评。

对建筑材料的进货渠道、价格,工程建设的每个环节、每个细节,于学江更是一丝不苟,严格把关。为了给单位省点钱,每当施工方报上价格,他就和同事分头跑市场了解行情,直到确定下合适的价格为止。早教基地前院有个电线杆需要拆除,他亲自执笔,恳切阐述早期教育的重要性、电线杆存在的潜在危险,请求有关部门帮助解决,同时做好协调,没花一分钱,圆满地解决了这个问题。"这个台阶存在一边宽、一边窄的问题,北墙一边是直角,与相邻斜坡屋顶不协调等,这些都得改进……"对类似这种不仔细看根本发现不了的问题,于学江都能给施工方挑出来。施工方送来工程核定单,他要求办公室工作人员必须认真测量、核定后方可签字,然后,他再复核,如有半点出入,严格按工程工作量扣钱。时间长了,施工方都"怵"他。当然,更多的是敬重。

"我从业 20 年了,第一次碰到这么敬业的领导,第一次碰到工作作风这么严谨、务实的团队。"建设单位的纪丛军经理曾做出这样的评价。

(《青岛财经日报》2012 年 8 月 15 日 A17、A19 版)

一路跋涉一路歌

她，26年如一日，每天跋涉在蜿蜒的山路上，伴着涧底水声、林中鸟鸣，逐户走访散居在山林间的几百户农家，送关怀，送宣传，送服务，使社区合法生育率、晚婚率、晚育率、独生子女父母奖励落实率等一直保持100%，奏响了一曲曲人口计生事业凯歌。她，就是崂山区沙子口街道竹窝社区计生主任、共产党员陈淑珍。

心中有爱，脚下有路

竹窝社区位于崂山深处，海拔430米，由降云涧、柳树台、竹窝、寨上、王子涧5个自然村组成，共245户，681人。社区平地少、交通不便，村民居住分散，最远的降云涧村距离陈淑珍家7里路，山路不通车，只能靠两条腿翻山越岭，来回一趟至少得花6个小时。山里人体力活多，重男轻女的思想根深蒂固，工作落实之难可想而知，这样一个社区缘何能多年来保持计划生育各项指标100%呢？

"计划生育是个责任活、良心活，它一头连着国策，一头牵着百姓，要把这戗茬活儿做到老百姓的心坎上，就要像过日子一样，用心地过，真诚地过。将心比心，以心换心，老百姓是最质朴、最容易打动的。"陈淑珍的这番话是最好的回答。26年9500多个日日夜夜，她大部分时间在路上、在育龄群众家里。去路远的地方她就带上干粮，路上饿了，就啃几口；渴了，就捧起山泉喝；累了，就找块石头坐下，歇歇再走。宣传品入户、药具发放、群众需求、证件办理……对每项工作、每一次服务，她都认真对待，从不落下一个人。谁家娶媳妇，她买上被子、暖瓶等去道喜，讲讲新婚及优生知识；谁家生了孩子，她买件衣服、拎着鸡蛋去看喜，说说证件办理的时限和手续；谁家到了领取奖励扶助年限了，她就提前一年通知准备材料……她在全身心投入工作的同时，每年用于群众红白喜事的支出至少占家庭收入的一半，以真情付出换来群众真挚的支持与拥护。

去年夏天，嫁入竹窝社区的外乡姑娘淑娟生育后该落实节育措施了，陈淑珍几次入户都没有找到她。一天中午，她冒着高温又赶到她家，迎面而来的却是淑娟的冷言冷语："婶子，大热天的也不让俺安生啊！"站在热气蒸人的院子里，看着淑娟冷漠傲慢的样子，听着刺耳的话，她心里有些生气和委屈，但越是群众不理解越得做工作啊。于是，她依然微笑着说："淑娟，大热天的，我来看看你婆婆不行吗？我那老姊妹在家吧？"说着，就自来熟地往屋里走。淑娟婆婆恰好在家，她就和老姊妹拉起了家常,给她讲国情,讲政策,讲各种保健知识,并现身说法,讲采取长效节育措施的好处,讲得淑娟在一旁不好意思了。她连忙冲茶倒水,由进门时的"火药味"变成了喝着茶水唠家常的"亲情味"。后来,淑娟主动找陈淑珍了解各种避孕节育措施,并选择了适合自己的避孕方法。

胸怀大爱,一路凯歌

26 年来,陈淑珍以博大的胸怀关心爱护着每个群众,全心全意为群众服务,对自己和家人却无暇顾及。儿子 1 岁的时候,她就干上了计划生育工作,走东家,串西家。儿子常常饿着肚子坐在山路边上等。每当她披星戴月地赶回家,儿子总是流着泪扑过来,她常常又愧疚又酸楚。儿子稍大点了,担心妈妈一人走山路害怕,就陪着妈妈翻山越岭去入户,和她一起干啃方便面、喝凉水。作为母亲,她心里不是滋味,总想找机会好好补偿儿子。没想到,2004 年,年仅 18 岁的儿子却因白血病永远地离开了她。临终前,儿子唯一的要求是"妈妈,抱抱我吧"。这是一个多么懂事的孩子啊! 这么多年,她一心扑在了计生工作上,却很少有时间去抱抱他。陈淑珍陷入极度的悲痛之中……

"去开会去,去入户去……"丈夫知道只有工作才能把她从痛苦中拯救出来,催促她去入户。数九严寒,丈夫伴陪着她把计生政策等宣传资料送到育龄妇女家中;炎炎烈日,丈夫开车载着她陪同育龄妇女去查体……亲人的体贴、领导和同志们的关怀,终于帮她走出阴霾,把全部的情和爱都倾注在育龄群众和更多的孩子身上。

然而,命运不公,祸不单行。2009 年,她时常出现几个小时的小腹疼痛,伴头晕等症状。丈夫要带她到医院做检查,但当时育龄妇女信息核查、孕环情监测等工作任务一个接一个。一向要强的她不愿耽误工作,就安慰丈夫说:"我整天活动,不会有什么大事的,估计是吃得不及时,肠胃不太好。"就这样,忙碌了近一年。临近腊月,她陪同几位育龄妇女到镇卫生院放环,一位大夫发现她脸色蜡黄,"勒令"她化验一下血,结果显示血红蛋白严重低于正常值,她这才到医院做了全面检查。拿到诊断书,丈夫抱着她哭了。"子宫内膜癌"5 个大字让她一下子跌坐在床上。她呆在那里百感交集,想想自己风风火火的生命历程,酸甜苦辣的工作生涯,为人妻、为人母的愧疚……那是她最煎熬的时刻。然而,哭过之后她又异常坚强,从感到疼痛到住院手术,她没耽误任何一项工作,也没诉过任何苦。直到她手术后第二天,组织和同事才知道她患病。那天,她刚从手术麻醉中苏醒,浑身无力,上级来电话落实一个案件,她就像注入了兴奋剂,一一作答,后来病友们戏谑地说她"死亡线上不忘计生",而她自我解嘲地说:"计生干部走到哪儿,干到哪儿,随时随地,全心全力。"出院的第二天，赶上做月报表，她让丈夫把育龄妇女账本放她炕头上，她一一核对，电话随访，第二天让丈夫把报表按时提报到街道，保质保量地完成了任务。手术加化疗几个月的时间里，她的工作按部就班地进行着，她甚至完成了 3 个育龄妇女长效节育措施的落实。有几个姊妹从电话中听出她身体不好，提着礼物来看望她、安慰她，让她不用操心，安心养病。令人欣慰的是，一些以前需要她上门动员才能落实的工作，如今却成为群众的自觉行动。近年来，竹窝社区的长效节育措施落实率也达到了 100%。正所谓得民心在于真诚，感召力在于奉献。

如今，陈淑珍已恢复健康，依然每天跋涉在崎岖的山路上，山谷里又回荡起她爽朗的笑声。她所在的竹窝社区连续多年获得沙子口街道计划生育考核一等奖，她本人先后获得国家人口计生委突出贡献奖、崂山区计生工作突出贡献奖，连续12 年被评为"崂山区三八红旗手"。

"心若在，梦就在，看成败人生豪迈。"陈淑珍一路跋涉，一路歌……

（《青岛财经日报》2012 年 10 月 10 日 A19 版，陈素平、薛晓鸣）

用爱心营造和谐

一个拥有 3200 户、1.2 万人口的社区,地处城乡接合部,流动人口多,下岗、失业人员多,多年来却没有打架斗殴、违法生育等现象。社区先后获得全国模范社区,省级先进文明社区,省、市基层党建示范点,青岛市人口计生工作示范村居等荣誉称号。群众说,这些荣誉是我们社区的当家人夏玉波书记用爱心和心血换来的。

夏玉波是青岛市四方区洛阳路街道海琴社区党委书记、居委会主任、计生协会会长。一位 61 岁的"老太太",1 米 6 左右的个头儿,身材单薄,却精神矍铄,有着许多年轻人都不具备的充沛精力。自 1998 年退休后,她被大伙推选为社区"当家人",无论白天,还是黑夜,她的手机一直 24 小时开机。社区里,无论是老年人,还是年轻人,无论是在职职工,还是下岗、失业人员,谁家有困难,第一个想起的就是她。她舍小家、顾大家,兢兢业业干好社区工作,勤勤恳恳为居民服务,创造性地将人口计生工作融入社区党建等综合管理服务工作之中,带领社区群众实现自我管理、自我教育、自我服务,营造出温馨、和谐的社区大家庭氛围。2011 年,她的事迹被拍成电影《天天我都在》,在全国公映。

搭建协会平台,推进社区和谐

海琴社区有 3000 多户居民、100 多位残疾人、20 来个刑释解教人员、100 多位孤寡和独居老人。夏玉波每天都会把社区用脚"丈量"几遍,苦苦思索怎样凝聚起人心,让每个人感受到社区大家庭的和谐、温暖……

2010 年 4 月,海琴社区在原计生协会的基础上成立了青岛市首家由计生协会、和事佬协会、公共事务协会、温馨家园协会等 16 个分协会组成的百姓协会。百姓协会把工作着力点牢牢定位在造福百姓、利惠民生、促进社区和谐上,将 167 位政治觉悟强、群众威信高、关心社区建设、善于做群众工作的居民代表吸纳进来,增强了居民参与社区建设、人口计生等工作的积极性,搭建起民主议事、矛盾化解、帮贫助困三个平台,在社区党员中倡导开展了"一管三带一联"活动,让党员管好自己,带好家庭、带好邻居、带好楼院,联好户。党员首先是实行计划生育、推进社区和谐的模范,同时也带动和影响全家、邻居乃至整个楼院的群众自觉实行计划生育,推进社区和谐。2010 年以来,百姓协会先后化解了 60 多起社会、家庭、邻里纠纷。

为从根本上转变群众的婚育观念,树立科学、文明的婚育新风尚,每年"3.8""5.29""7.11"等节日活动中,夏玉波带领计生协会会员组织社区群众以计生先进典型为素材,自编自演文艺节目,演身边人,说身边事,形式新颖,风格独特,为群众所喜闻乐见,使群众从中受到教育。

为帮助困难家庭走出生活困境,感受到社区大家庭的温暖,夏玉波组织计生协会相关人员多方筹措救助金,营造了邻里互助的良好氛围。社区居民吴开涛因患肺癌多次住院,家庭生活困难。夏玉波和乐善志愿者们组织居民为其捐款3000多元,帮助吴开涛解了燃眉之急。孤寡老人黄金欧今年80岁了,每月只有180元钱的遗属金,生活非常困难。夏玉波就经常带着东西去看她,顺便帮她打扫卫生。去年10月份的一天,老人跟夏玉波说腿疼得厉害,但是没钱医治。夏玉波二话没说,就把老人送到了附近的诊所,帮她交上了450元医疗费,并在诊所里为她忙前忙后。别人羡慕地对黄金欧老人说:"您老有福气,养了个好闺女。"老人夸奖说:"这不是亲闺女,但比亲闺女还亲。"

针对辖区孤寡老人和空巢老人较多的情况,夏玉波组织议事会研究决定建立定期走访慰问和陪同就医制度。从2011年开始,免费为社区内10户孤寡老人、独居老人家庭安装了"爱心门铃"。门铃一端在老人家中,另一端放在邻居志愿者家中,老人一旦生病或是遇到紧急情况,只需轻轻一按,志愿者就会及时赶来,为老人提供救援和服务。今年78岁的王鸿云老人逢人便说:"多亏夏书记帮俺安装了'爱心门铃',自己在家不用再担惊受怕了。"

创建服务品牌,促进家庭幸福

针对"居民上班我上班、居民下班我下班"的情况,夏玉波带领社区一班人提出了"有我天天在,有话慢慢说"的口号,建立了"365党员工作室""365计生服务热线",不分节假日,党员轮流值班,为群众服务;组织百姓协会的167名志愿者,主动走出社区,把服务送到了群众家中,实现了"为民服务无空白",受到了上级领导的充分肯定。

她心系困难计生家庭,对一些刑满释放人员也关怀备至,引导他们遵纪守法,依靠自己的劳动赢得社会的认可和别人的尊重。前几年刑满释放的侯家庆娶了个媳妇,他们没有住房、没有工作、没有收入。夏玉波主动协调相关部门为其申请了低保,2010年计生协会帮他们申请了50多平方米的廉租房。侯家庆的媳妇生了孩子,夏玉波亲自给孩子做了小枕头,提上礼物去贺喜。小两口深受感动。侯家庆表示今后一定遵纪守法,努力工作,争取买经济适用房,给政府减轻负担,让出这套房子给更需要的人。媳妇自愿加入计生协会,无偿为社区群众开展计生宣传、提供居家服务等。

海琴社区商丘路 40 号有一个农村籍大学生,好不容易大学毕业有了工作、成了家,却得了尿毒症,光医药费就得花十多万元,偏偏这个时候,媳妇又要跟他离婚。他想到了死。夏玉波得知这个情况心急如焚,把他在农村的父母接过来、安顿好,同时,发动社区群众爱心捐款,四处筹措资金给他治病。当夏玉波把钱送到他手中时,他的母亲拉着夏玉波的手哭着说:"夏书记,如果没有你,我儿子早就死了,我这个家也就完了。"现在这个大学生病情稳定了,还当上了小老板。每到母亲节,他都会给夏玉波写封信,信中亲切地称呼她"妈妈"。夏玉波把这个称呼当作多年来辛勤付出的最高奖赏。

为提高老年人的生活质量,保护老年人的身心健康。她组织社区有关人员定期举办老年保健、家庭保健护理等讲座,指导合理膳食、均衡营养,建立健康饮食习惯等;筹备组建了老年腰鼓队、合唱团、舞蹈队、太极队、书法会等,定期组织老年人表演一些文艺节目,既丰富了老年人的生活,又有利于老年人强身健体,真正使社区老年人老有所依、老有所养、老有所乐。

为了帮助一些下岗职工学会一技之长,增加家庭收入,夏玉波将家里祖传的做辣椒酱技术无偿传授给了下岗职工。她给大家讲解辣椒酱的配料方法和制作工艺,与他们一起买原料,又支起锅灶,手把手地教他们炒制,跑遍了社区的家家户户,向工作人员、居委会委员、楼长、组长们推销,用"诚信加质量"为下岗职工开辟了一片新天地。

由于工作出色,夏玉波被授予山东省优秀共产党员、青岛市十佳优秀共产党员、青岛市优秀党务工作者等多项荣誉称号。今年"七一",夏玉波还作为全国百名创先争优优秀共产党员进京接受了表彰,受到胡锦涛总书记的亲切接见。

(《青岛财经日报》2012 年 10 月 31 日 A19 版,陈素平、曹瑾)

舍"小家"顾"大家"

　　今年 56 岁的庞桂香是青岛市城阳区城阳街道董村社区计生主任,也是一名共产党员。她三十年如一日,在计划生育战线上,为育龄群众提供无微不至的服务,多次获得市、区、街道授予的基层优秀计划生育工作者、计划生育先进个人、三八红旗手等荣誉。

　　庞桂香从 20 世纪 80 年代初就挑起了计生工作这副重担。当时,交通还不发达,乡间小道崎岖不平,遇上雨天,更是一片泥泞。然而,庞桂香从上任伊始就坚持走家串户了解实情,宣传国策,风雨无阻,与群众结下了深厚的情谊。在她帮助过的人中,有一位叫刘淑玲的育龄妇女,至今依然感激庞桂香在她困难时的照顾和帮助。当时,刘淑玲即将临产,丈夫却出差在外,一时赶不回来。庞桂香知道后就每天往刘淑玲家里跑,细心观察临产征兆,照料生活起居,指导刘淑玲做好孕期保健,并联系车辆,把刘淑玲送到医院。刘淑玲的丈夫赶回来时刘淑玲已顺利生产,看到老婆、孩子平安,他非常感激,给庞桂香深深地鞠了一个躬。而当庞桂香回到家时,她唯一的儿子却因婆婆住院、丈夫陪床而无人照看,趴在家里门槛上睡着了。当庞桂香扶起趴在门槛上熟睡的儿子,心里涌起一股酸涩,但想到刘淑玲一家的幸福团聚,她的心里又感到欣慰和快乐……

　　近年来,随着经济的发展,大批外商投资企业在城阳区聚集发展,不少企业落户在董村社区。为做好外资企业的计生工作,庞桂香更是跑断了腿,磨破了嘴。从开始被拒之门外,到外资企业心悦诚服地签订了计划生育协议书,庞桂香费尽心血。她耐心地向外资企业法人讲政策,苦口婆心地讲道理,想方设法取得外资企业的理解和支持,与企业签订了计划生育协议书,设定计划生育联络员,定期到企业为育龄妇女讲解避孕、节育、生殖健康知识,并开展系列化服务,终于使董村社区外资企业的计生工作走上了规范化管理轨道。

　　30 多年来,庞桂香以一个女性特有的坚韧和宽广胸怀,舍"小家"顾"大家",忘我工作,无私奉献,换来了广大育龄群众对她工作的理解和支持,赢得了群众对她的尊重和爱戴。她所在的董村社区的计生工作连续多年走在全区乃至全市的前列。

　　　　　　　　　　　(《中国人口报》2013 年 1 月 4 日 4 版,陈素平、白云婷)

为了党旗下的誓言

当孕期需要别人照顾的时候,她却和平时一样始终坚持工作在第一线;当哺乳期宝宝最需要她的时候,她毅然放弃哺乳假和年假,全力投入工作;当丈夫出差,一家老小需要她照顾的时候,她为了维护育龄群众的合法权益依然坚守在工作岗位。她,就是市人口计生委群众(信访)工作办公室主任苗园园。是什么力量驱使她如此忘我工作、乐于奉献呢?用她自己的话说,是为了党旗下的誓言,为了对党的事业的一份忠诚。

没有震撼人心的豪言壮语,却时刻牢记党旗下的誓言

2009 年,到市人口计生委工作不到三个月,她就能独当一面,全面负责全市违法生育举报投诉案件和有奖举报办理等工作。为了迅速摸清 2008 年以来的举报案件底数,她逐例核实,连续加班数周,经常在单位加班到晚上 9 点多,回家吃口冷饭继续工作到凌晨三四点,一周 7 天连轴转。2010 年怀孕期间,她从未将自己当作孕妇,在保质保量干好自己负责的工作的同时,协助调查队队长主持全队业务工作。除了因工作劳累先兆流产休了 5 天病假外,她一直加班加点,坚持工作到临产的前一天。为了撰写出高质量的调研报告,她怀孕四五个月时仍坚持深入基层调研,经常加班到深夜,有时实在坚持不住就凌晨早起接着写。在她和同志们的努力下,调查队在年度考核中被评为先进单位,她个人也在 2010 年度考核中被评为优秀等次,获得嘉奖。

2011 年 12 月初,市人口计生委在全市党政机关、市直部门率先成立群众(信访)工作办公室,还在哺乳期的她临危受命,担任群众(信访)工作办公室主任,挑起了群众信访、违法生育举报、"三民"活动等工作重担。由于家距离单位较远,为克服人手不够的困难,她主动放弃休哺乳假和年假,中午不回家喂奶,让家人给孩子喂奶粉。她每天早出晚归,晚上一回家,孩子就抱着她,不让她离开,她只好等孩子九十点钟睡着后再继续加班。由于不能及时给孩子喂奶,她得了急性乳腺炎,高烧不退,打完吊瓶后又坚持回单位工作。

把每一位来访群众当成自己的亲人,以真诚赢得人民群众的赞誉

她依托自己 7 年法学专业教育的优势,刻苦钻研业务,熟练掌握人口计生政策

法规,4年来办理违法生育举报案件2938例,实现了零差错;设计和编写的违法生育举报案件办理工作流程和工作制度已形成体系;参与自主研发的"违法生育举报投诉案件管理信息系统"已投入使用两年,有力地推动了全市举报案件办理工作有序开展。

"作风干练、硬朗,从不拖拉。"这是一起共事的同事对她的一致评价。接手信访工作之初,没有经验借鉴,她就边干边摸索,对政策法规不熟悉就强行记忆,与科室的同志互相考核,人员少、任务重,就挑灯夜战、加班加点。为确保日事日毕,她带领大家中午放弃休息,以4部对外公布的电话,耐心地向群众解释政策,有时一个电话一接就是半天,常常一坐一天。2012年《行风在线》活动中,在节目上线当天,为了让群众反映的问题都能在第一时间解决,她带领科室的同志逐例落实,一直加班到晚上10点多,打完最后一个电话才离开,最终实现了办结率和满意率双百分之百。在她和同事们的努力下,2012年,实现了全年群众零投诉、无省市级交办信访积案、无非正常上访、无集体访、各级"零通报"和党的十八大期间"零信访"的工作目标,市人口计生委被评为《行风在线》优秀单位,群众(信访)工作办公室在委机关年度考核中被评为先进单位。

甘当育龄群众的"法律导航员""生活劝导员"和"办事协调员"

来电来访的育龄群众不懂法律,不懂如何维权,她就大力宣传法律法规以及如何运用法律武器维护自身权益等相关知识;各级各类企事业单位咨询相关政策,她就积极、主动地向相关人员宣讲人口计生方面育龄群众的相关权益,督促相关部门认真执行国家关于晚婚、晚育、哺乳假、产假、独生子女父母享受的各项待遇,切实维护广大育龄群众的权益。

有的育龄妇女流出到外地,正处于怀孕最危险的时期,又亟须办理各种计划生育相关手续,往返不方便,她就尽量协调相关区(市)妥善解决相关问题;有的独生子女父母退休时所在企业不发放一次性养老补助,她就协调企业和主管部门予以妥善解决,并积极引导群众通过劳动仲裁等合法渠道争取自己的合法权益;有的育龄妇女对落实长效避孕节育措施心存疑虑,她就认真解释长效避孕节育措施对育龄妇女身心的好处,引导育龄妇女采取适合自身条件的、安全的避孕节育措施;有的育龄妇女生育了病残儿,她就耐心抚慰,积极开导,积极引导育龄妇女通过病残儿鉴定渠道,合法批生二孩,重拾生活的希望;她积极引导不孕不育的育龄群众通过正规的医疗渠道进行治疗,查明病因,对症诊治。遇到情绪激动的群众,她像对待亲人一样,平心静气,耐心解释。就在党的十八大召开前夕,她积极协调相关区

（市）成功化解了一例长达 5 年的信访积案。党的十八大召开当天，当事人专程赶到市人口计生委赠送两面锦旗，表达感激之情。

如今，苗园园依然在忙碌着。孩子小，体质弱，经常生病，丈夫又经常出差，家里一切都推给了公公、婆婆。每当看到孩子期盼的眼神，公公、婆婆疲惫操劳的身影，她的心里充满愧疚。可当她坐在办公桌前，就有一股力量"上满"发条，精力充沛地工作，也许就是心中的那份铮铮誓言、对党和人民的事业无限忠诚的力量在驱动着她不断前行吧。

（《青岛财经日报》2013 年 1 月 16 日 A17 版）

一个计生办主任的中国梦

　　侯洪昌,李沧区虎山街道办事处计生办主任。自2007年以来从事人口计生工作,见证了人口计生工作转型发展的历程。近年来,虎山街道以"和谐幸福家庭创建"为载体,围绕人的生命周期不同阶段的不同需求,有针对性地为家庭提供"一条龙"服务,人口计生工作成为深受群众欢迎的惠民事业。作为计生办主任,侯洪昌颇有成就感。日前,笔者来到虎山街道,听侯洪昌讲述他的中国梦。

让孩子们健康快乐地成长

　　让每个家庭生育健康宝宝,让孩子们健康快乐地成长,是侯洪昌的梦想。为此,他带领计生办一班人从婚前普及优生知识抓起,采取一系列措施提高出生人口素质。

　　街道计生办协同婚姻登记处,对办理结婚登记的夫妻免费进行婚前指导,发放"新婚蜜语"礼包,派和谐家庭指导员进行具体的优生指导;协同红黄蓝亲子园等幼教机构,每年举办6期孕妈妈公益讲座,为新婚夫妇、准妈妈等人群讲授孕前注意事项、孕期营养保健、母乳喂养等知识,满足了不同育龄人群的优生知识需求。

　　对包括流动人口在内的育龄夫妇,免费进行孕前优生健康检查,免费发放叶酸,并给每对夫妇发放200元补贴。

　　组织技术服务人员定期对新生儿免费访视,免费查体;提供免费儿童健康咨询,建立健康档案。邀请儿科专家,为0～6岁婴幼儿父母讲授营养搭配、疾病预防等方面的专业知识,促进宝宝健康成长;邀请口腔科专家对换牙期儿童免费给予牙齿矫正治疗;邀请心理专家举办了名为"心灵之约"的大型公益讲座,对困扰家长的儿童成长过程中的诸多心理问题,进行了解疑释惑。

　　举办计生家庭"亲子趣味运动会"等活动。通过系列活动鼓励孩子自觉参加体育锻炼,强身健体,同时为家长搭建一个和子女交流、沟通、协作的平台,有利于孩子身心健康成长。去年6月份举办的计生家庭"亲子趣味运动会"中,共有400多个计生家庭1300余人参加活动。青岛天泰饮乐多食品有限公司给孩子们发放饮乐多,家长、孩子都很高兴。一些群众当场表示:"参与计划生育活动既能学到知识、锻炼身体,又可得到实惠,真是太好了!"一些其他社会机构纷纷打听计生办什么时候开展活动,都愿以计生活动为载体,开展一些促销活动,计生办成了"香饽饽"。

让老年人生活更加丰富多彩

走进虎山街道阜康花园社区,老远飘来悠扬的歌声:"请把我的歌带回你的家,请把你的微笑留下……"原来这是一群老年人在排练节目,他们的脸上写满了幸福和欢乐。

老年人的健康幸福指数反映了国家的文明发达程度。因此,侯洪昌把关爱老年人作为实现中国梦的重要内容,充分利用李沧区市民中心,组织老年人举办少数民族联谊会、趣味运动会等,开展了丰富多彩的文体娱乐活动,极大地丰富了老年人的文化生活。为陶冶老年人的艺术情操,还特别组织部分有艺术爱好的老年人开展了"百雀林民俗风情一日游"活动,在阳光明媚的春日里,组织老年人走进田园,走进农家,感受不一样的风土人情,吟诗作画,感悟人生。

为保证老年人的健康,计生办还邀请有关专家为老年人举办各种疾病防治知识讲座,协同社区医疗中心为65岁以上老年人提供免费健康保健服务,实施健康指导,使老年人的生活更有质量。

让每个家庭更加幸福

让每个家庭更加幸福是实现中国梦的主要目标,也是侯洪昌最大的心愿。

近年来,虎山街道计生办全面落实各级计生惠民政策。着力解决好失业、无业独生子女父母年老一次性奖励问题;对符合政策生育的育龄妇女,每人发放500元住院分娩补助;协同民生医院为全区无业、失业已婚育龄妇女及流动育龄妇女每年提供两次免费生殖健康检查服务。

全面实施生育关怀行动,让特殊困难家庭真正感受到党和政府的温暖。阜康花园社区居民王贵同、曲素娟夫妇有特殊困难。孩子患病去世后,妻子曲素娟引发了癫痫,丈夫王贵同患尿毒症,需要每隔一天就去医院透析治疗。妻子一人在家一旦发病后果不堪设想。正当他们夫妻一筹莫展之际,街道计生办工作人员入户走访了解到他们家的困难,侯洪昌及时向街道、区有关领导做了汇报,在争取各级给予必要的经济救助的同时,安排专人负责每天入户帮助照顾病人,料理家务。这对夫妇十分感激。

计生工作人员入户发现像这样的特殊困难家庭后,侯洪昌都第一时间向有关领导汇报,第一时间安排专人给予帮助,使每个困难家庭都能够及时得到帮助和照顾。"作为一名基层干部,能给老百姓多办一些实事、好事,我感到很欣慰……"侯洪昌由衷地说。

(《青岛财经日报》2013年5月29日A17版)

乡村女护士李峰峰

崂山风光旖旎,山径蜿蜒,素有"海上名山第一"的美誉。然而,昔日依山而建的石砌民居分布比较零散,给居民就医、生活等带来诸多不便。作为大山的女儿,李峰峰看在眼里,记在心上。1995 年从青岛卫校毕业,怀着对家乡父老的殷殷深情,她回到家乡,以自己的专业知识守护父老乡亲的安康,在崂山区北宅卫生院护理岗位上一干就是 22 个春秋。

20 多年来,她从一名刚刚走出校门的学生成长为医院工作的多面手,也成了护理工作的领头雁。在故乡这片热土上,她像照顾自己的家人一样,细心呵护前来就诊的每一个患者。

那是 2000 年的夏天,北宅社区卫生院收治了一名中年男性重度烧伤患者。医生诊断后劝其转到专科医院进行治疗,可患者经济拮据,坚持要留下来。因天气炎热,患者很快发生了痂下感染。铜绿假单胞菌伴厌氧菌感染引起的恶臭以及天气炎热引起的窒息感令人望而却步。李峰峰主动请缨,承担起了每天为这位患者换药的任务。因为需要把患者后背的硬痂剥离掉,然后彻底清洁创面,使其保持干燥,促进新生肉芽组织生长,每天处理前她都让患者提前服两片强痛定片,但患者还是疼痛难忍。每当此时,她总是停下来,让患者先休息一会儿,温柔地安慰他,陪他聊聊天,转移其注意力。在没有空调又腥臭熏天的房间里,每天换药都得需要至少两小时,每次她都全身湿透,换完药感觉整个人虚脱了一般。整整半个月,患者的创面终于清理干净,这个时候需要高蛋白、高热量饮食以帮助创面恢复,考虑到患者家境贫寒又无人照料,她就每天从家中带饭,把鸡腿和煎蛋挑出来让患者吃。在她的带动下,同事们也都把好吃的分给患者,经过大家的共同努力,一个月后患者终于康复出院了,她感到无比欣慰。

2000 年,李峰峰和在青岛市内工作的爱人喜结连理,2002 年,有了女儿,丈夫和公婆都希望她调回市内工作。她也曾向往到市内大医院工作,可每当看到乡亲们那种信赖、依恋的眼神,她进城的念头就打消了。2008 年北宅街道东陈村门诊部缺人手,院长找李峰峰商量,她爽快地答应下来:"村里医疗条件差,更需要我们专业医护人员去帮助他们,我是大山的女儿,应该用行动回报大山人民"。

村门诊部虽小,却涉及看病、收款、取药、注射、化验、理疗等多项工作,李峰峰和其他两位同事常常忙得不可开交,饿了,就简单地吃火烧就咸菜。冬天,没有暖气,只能靠生炉子取暖,冷风从四面透风的门、窗直直地灌进来,室内依然寒气逼人。李峰峰就每天早上烧两大壶热水,用灌上热水的空盐水袋充当暖水袋,每来一个患者就发一个,患者手捧热水袋,暖在心头。为方便行动不便的老人就诊,稍有空闲,她便骑上自行车走家串户,查看患者身体恢复情况,为需要换药的患者上门服务。在东陈村三年多的时间,村民们把她当成村里的赤脚医生、救急的"120",深深地依赖她、信靠她。

而她唯一的女儿从 6 岁就学会了独立生活,爸爸、妈妈忙于工作,她就自己泡面吃。有一次女儿感冒了,李峰峰既心疼又焦急,但脱不开身,只好在电话里指导她如何服药,心里满是愧疚。

2012 年北宅卫生院增添了急救车,成立急救站。李峰峰挑起了急救站主任的重任。急救站里情况紧急,常常半夜里一个电话响起就要出发,无论严寒酷暑,她用冷水冲冲脸,打起精神就投入工作中。

院前急救就是跟时间抢生命。她要求全科人员统一认识,树立"尊重生命,呼叫就是命令"的思想,接到呼救立即行动,出车从未超过 3 分钟。为解决山路行车难、患者难寻找等问题。李峰峰联合乡村医生采取"乡医联动"措施,发挥乡村医生对居民住所、病情比较熟悉等优势,为及时救护群众赢得了时间。

记得 2016 年 1 月的一天,急救站突然接到河东村患者的急救电话,患者的情况危急,需要紧急抢救。李峰峰立刻与村医何锦香取得联系,指挥她第一时间到达现场急救,急救车随后到达,及时挽救了患者的生命。

如今,她已经带出了一个团结向上、服务一流的"120"先进集体,一年出诊 800多次,为居民的院前急救提供保障,深得居民的信任与好评。2015 年,她本人荣获青岛市最美天使提名奖,2017 年,在崂山区人民代表大会换届选举中当选为区人大代表。

燃烧的红烛

"从入院治疗、手术到复查,心外科副主任医师景昊,以其精湛的医术、高尚的医德,不仅深深地感动了我们全家,也感动了整个心外科的患者……衷心感谢青岛市卫生健康委员会、青岛大学附属医院培养出这样的好医生!"近日,青岛市卫生健康委机关收到患者及其家属送来的感谢信,字里行间充满对景昊副主任医师真挚的感激和敬仰之情。了解到景昊副主任医师的感人事迹后,你会觉得他就是一支燃烧的红烛——燃烧自己,照亮别人!

敬佑生命,业务精益求精

从进入医学殿堂的那一天起,景昊就怀着对生命的敬畏,刻苦研读医学专著,从医 26 年来,他一直抱着一种非常敬畏生命的态度,把每台手术都当成生命中的第一次手术,精益求精,力求完美。

心外科手术是目前医学中风险最大的一种手术,手术步骤多、环节多,全面、充分地考虑,患者的并发症才会少一些,恢复得就会更顺利一些。术前,他喜欢用墨菲定律来评估手术过程和手术后可能出现的并发症等,把每一个环节及所有可能发生的事情在脑子里反复预演,做出严谨、客观的评判,为可能出现的情况准备好解决方案,再和患者、患者家属交流、沟通,让他们充分了解这是什么病,治疗有什么好的结果,有哪些并发症,让他们客观地去面对和接受手术所带来的各种结果。

心脏外科手术的缝合线的直径是头发丝的十分之一,半毫米的误差就可能导致大出血,一台复杂的手术要缝合上千针,比刺绣的要求还要精细。今年 50 岁的景昊做了 26 年的心脏外科医生,反复钻研,成功参与完成 5000 多例手术,尤其擅长难度较大的再次心脏手术。他不但练出了每分钟打 100 多个缝合结的速度,而且手术成功率超过 99%。

倾情付出,患者眼中的超级英雄

每周要做 4 台手术,平均每天在手术台上的时间在 4 个小时以上,复杂的手术需要十几、二十几个小时。因为长期连续站立,身心过度紧张,景昊过早地患上了糖尿病和静脉曲张。但在他看来,和随时面临生命危险的患者相比,自己这点小毛病不算什么。患者突发急症,他随叫随到,为方便患者咨询,他还主动把手机号码留给患者,24 小时待命。前不久,同事为一位急症患者做手术遇到困难,得知情况后,他凌晨 1 点赶到医院帮忙,提前 4 个小时顺利完成手术。

心脏外科患者往往是老年患者,景昊把这些老年患者视同自己的父母,细心呵护。无论是和患者手术前的讨论,还是对患者手术后的访视,和患者交流的时候,景昊都是充满温情、和蔼可亲的。即使一个简单的复诊,他都要给患者听听心脏是否有杂音,看看气色怎么样,摸摸手、脚,看看末梢循环好不好。有位患者说:"我从农村来,景主任不嫌弃我,经常摸摸脚,试试有没有肿,自己的孩子都没摸过。那一刻我眼泪就绷不住了……"有的患者到医院不方便,他就利用工作日下班时间或周末上门服务。每当这个时候,患者给予的那种难得的微笑,就是对他最大的回馈。

不少患者出院的时候,都流露出对他的依依不舍。有的患者,只有让景昊给他看病,才会觉得放心,甚至对于家人一些非心脏外科方面的健康问题,也要找景昊咨询。患者们亲眼见他下班后还在不停地忙碌,关心还患有糖尿病的心脏外科患者吃什么饭菜,提醒患者少加盐等,而他自己常常是晚上 8 点了还没来得及吃饭。患者们心疼景昊,信赖景昊,都说景昊是他们遇到的最认真、最细致的医生,把生命交给他很放心。

无私传承,引领同仁永攀医学科技高峰

让患者在尽量短的时间花费更少的钱治好病,一直是景昊和同仁努力的目标。这需要一个不断学习、提升的过程。

很多心脏外科患者都需要二次、三次手术,这类手术和初次手术完全不一样,因为有心包的粘连,心脏解剖结构层次不清,在游离心脏的过程中或切除原来病变的瓣膜,就要下很大的功夫。需要看老师怎么做,看国内顶尖医院的专家们怎么做,看国外顶尖医院的顶尖医生怎么做,再结合自己平时的刻苦训练。景昊能够做到在二次手术、三次手术的心脏解剖游离方面游刃有余,很从容。他把自己的和老师传承给他的经验、手术技巧,无私地传承给年轻医生,让他们尽量少走弯路,让更多的患者因此而获益。

尽管如此,景昊敏锐地察觉到心脏外科的发展每时每刻都是在变化的,他始终有一种危机感。担心自己老了,跟不上时代的发展,担心还有很多人不会因为他受益,担心自己的医学技术、经验、手术技巧不能够很好地传承给他的学生们,尽可能挤出时间学习,不断提升自己,引领同仁永攀医学科技高峰。

（青岛卫生健康微信公众号 2019 年 11 月 18 日）

综 合 篇

重返黄土地，致富有门路

　　山东省胶南市海青镇唐村进城务工的 30 余名农民，近年来陆续返回家园，承包土地，搞大棚种植，成为远近闻名的"暴发户"。这是该村开展计划生育"三结合"工作，发展高产优质高效农业后出现的新气象。

　　唐村共有 52 户，有耕地 320 亩。过去由于传统种植业占主导地位，农民收入偏低，农民苦于致富无门路，只好托亲告友进城"淘金"。近两年，镇政府围绕增加农民收入和集体收入，进行了种植业结构调整和农民产业结构调整，建立了人口基金，优先扶持计划生育户上致富项目，并充分利用镇农机校和人口学校为群众提供致富信息，进行农业科学技术指导，对计划生育户提供无偿服务，送致富信息入户，送技术服务到门。镇计生办去年在唐村召开了计划生育"三结合"工作现场会，为 20 个计划生育户发放了无息贷款 3 万余元，根据唐村土地肥沃、水浇条件好、交通运输方便等的优势，鼓励他们发展大棚蔬菜种植。1995 年秋以来，全村基本形成规模，现在全村已有 47 户经营大棚蔬菜种植，8 户承包果园，家家都有致富门路。去年全村粮食平均亩产达 1200 千克，亩收入 3000 余元，人均收入 2500 多元，被重点帮扶的 20 个独生子女户和双女绝育户人均收入高达 4000 余元，率先走上了致富道路。

　　政策倾斜和利益导向使唐村的群众一门心思发家致富，土坷垃里刨出"金娃娃"，家家成了万元户，少生优生已成为唐村群众的自觉行动。全村形成了比致富、比文明、比奉献的新风尚，从而进一步吸引外出农民重返黄土地。

（《人口与计划生育》1997 年第 4 期）

青岛市基层计生专业队伍建设向"四化"迈进

最近,青岛市计生委对全市 12 个市区乡镇(街道)计划生育队伍建设情况进行了调查统计,调查结果表明:全市基层计划生育专业队伍的年龄、文化结构有了明显改善,队伍的整体素质有了明显提高,正在向革命化、年轻化、知识化、专业化方向迈进。

截至 6 月底,青岛 12 个市区共有乡镇(街道)计划生育专业人员 2465 人,其中,年龄在 40 岁以下的 1906 人,占总人数的77.32%;具有中专(高中)以上文化程度的 2005 人,占总人数的 81.34%,具有大专以上文化程度的 331 人,占总人数的13.43%。

1990 年以前,全市计划生育专业队伍的整体素质偏低,尤其是乡镇(街道)以下的基层计划生育工作人员,50%以上是仅具有初中以下文化程度的临时工,有的甚至是文盲或半文盲,而且年龄普遍偏大,难以适应工作需要。为提高计划生育工作水平,促进计划生育事业的健康发展,青岛市各级党委、政府从优化队伍结构入手,扎扎实实地抓了基层计划生育专业队伍建设。一是考核上岗,择优录用。各市区坚持"公平、平等、竞争、择优"的原则,通过业务考试、政绩考评,将那些年龄偏大、工作长期无实绩、难以适应计生工作需要的人员调离计生工作岗位,适当安排。对经"双考"合格的,重新办理了录用手续。二是招贤纳士,优化队伍。各市区采取向社会公开招聘、从军队转业干部和大中专院校毕业生中择优选拔等办法,充实计生队伍。据统计,各市区在最近几年充实的乡镇(街道)计生干部中,年龄在 40 岁以下的超过 95%,具有中专以上文化程度的超过 80%,使计划生育专业队伍的年龄、文化结构有了明显改善。三是注重教育,提高素质。通过开展评先树优活动,大力弘扬爱岗敬业、无私奉献精神,不断提高专业队伍的政治素质;在业务建设方面,从提高专业队伍的文化层次和专业技能出发,采取选送培养和逐级举办培训班的办法,不间断地抓好业务培训工作,同时,开办了研究生、本科、大专、中专等层次的学历教育,初步形成了布局合理、多层次、多渠道的人才培养格局。

(《中国人口报》1997 年 12 月 10 日 2 版)

青岛计生专业队伍令人刮目

2月28日,由中国社会科学院研究生院举办的第一届全国人口与发展专业在职研究生课程班,在青岛市计生培训中心举行了毕业典礼。48名计生干部正式获得了人口与发展专业在职硕士研究生毕业证书。至此,青岛市计生专业队伍已有52人具有研究生学历,令兄弟部门刮目相看。

近年来,青岛市计生委大力开展学历教育,先后开办了研究生、本科、大专和中专层次的人口专业学历教育,初步形成了布局合理、多层次、多渠道的人才培养格局。中国社会科学院研究生院自1995年9月在青岛举办的这届人口与发展专业在职硕士研究生课程班,是青岛市第一个人口专业的研究生班。这个班分青岛和胶州两个教学点,共有学员97名,其中,计生干部48名。研究生班采用专家教授定期辅导和学员自学相结合的形式。经过两年的学习,97名学员全面、系统地学习了马克思主义经典著作、科学社会主义理论与实践、人口统计与分析、社会学概论、人口理论、经济学原理、人口与发展、外语等方面的知识,经考试合格,均获得了毕业证书。

48名计生干部成为全市计生工作的业务骨干,许多同志将所学知识与青岛市计生工作的实际相结合,为领导决策和基层工作提供了重要参考。

青岛市计生部门近几年来开展的全方位在职干部学历教育,尤其是人口与发展专业在职硕士研究生课程班的成功举办,从根本上改变了计生专业队伍文化程度偏低、知识结构不合理的状况。目前,全市计生专业队伍中已有52人具有研究生学历,乡镇(街道)计生专业人员具有中专以上文化程度的达81.34%,村级计生专业人员90%以上达到了初中以上文化程度。全市计生专业队伍的整体素质出现了一个大的飞跃。

(《中国人口报》1998年4月1日1版)

胶南市优质服务见成效

在日前的村级班子换届选举中,山东省胶南市爆出一条令人振奋的喜讯:一些昔日常常不被群众理解的"老计生",如今却最受群众欢迎,得群众选票最多。这是该市开展计划生育优质服务工作的新成果。

胶南市自1997年7月被省计生委确定为全省计划生育优质服务试点市以来,不断强化各级干部的服务意识,同时从提高计生专业队伍的服务水平、增强村级自治能力入手,加强对计生专业队伍的业务培训。全市共为170个试点村选配了184名35岁左右、具有初中以上文化程度的女性生殖保健员,配备了必要的医疗设施,保证了服务质量。

胶南市在各试点村中取消了合同押金制度,由村(居)民委员会与村民签订优质服务协议书,使村计生干部应履行的工作义务和群众应享受的服务得到了法律保障。同时,将原来的计划生育证改为生育保健服务手册,使育龄群众享受到了婚前、孕前优生指导,孕期优生检测与保健服务,产后随访,更年期保健等多项服务。据调查,开展计划生育优质服务试点村的群众满意率超过90.7%。

据统计,胶南市开展计划生育优质服务试点的6个乡镇(街道办事处)、98个行政村(居)原担任计生主任的干部中,有10人被选为村支书,有34人被选为村主任,有136人被选为村"两委"委员。

(《中国人口报》1999年6月16日1版)

婚育新风"闹"洞房

在农村，结婚素有"闹洞房"的习俗。近日在黄岛区切实感受到这一习俗的新变化，最突出的一点是洞房内"闹"起了婚育新风尚，"闹"出了和谐，体现了社会的文明与进步。

黄岛区地处胶州湾西海岸，以前是地地道道的农村。这里的老人们讲，以前结婚很讲究。一般新媳妇刚进门时吃配有大枣、花生、桂圆（意为早生贵子）的手擀面，俗称"上床面"，或吃包有芝麻香油的小饺子，新房炕席四角下放着大枣、花生、瓜子。新郎、新娘盘腿坐在炕上，等家人煮好面条或饺子送上来。吃过几口，窗外便有人问："熟了吗?"新郎、新娘要大声回答："不熟! 生的，越吃越生（意为生子生女）。"上了年纪的人则用手滚动菜墩说："轱辘轱辘墩，当年就抱孙。"老一辈如此"闹洞房"，无非是期盼多子多福，早生贵子。新郎、新娘万一说错了，就会感觉不吉利，所以结婚这天心里也很紧张。

近年来，青岛市大张旗鼓地开展了"婚育新风进万家"活动，尤其是今年以来全市各级树立"和谐人口、诚信计生"的工作理念，将婚育新风吹遍了城乡各地，洞房的"闹法"也随之有了新意。

在辛安街道港头陈社区陈先生的新房里，笔者看到，床头柜上放着街道计生办发放的新婚须知、计划生育服务手册、计生诚信协议书等资料。新郎陈先生告诉笔者，他们新婚那天依旧吃了上床面，但不再回答"生"，他和新娘互相说："甜! 越吃越甜。"亲友们一改以前"闹洞房"时的老调、陈旧和封建迷信，根据"婚育新风、和谐人口"报栏上的知识创编了健康、文明、活泼的打油诗。例如，"五谷杂粮都是粮，男孩女孩一样强。""只要精心来培养，长大都能做栋梁。""讲诚信、好公民，少生快富多带劲!"即使在偏僻的乡村，新郎、新娘也没有以前的讲究和拘束，有的还会一展歌喉，唱几首歌，《康定情歌》《达坂城的姑娘》等，歌声未必优美，却很动听……

带着新观念、新风尚，如今的洞房中，婚育新风"闹"得正欢呢!

（《青岛日报》2002 年 3 月 9 日 11 版）

崂山深处农家乐

在这万象更新、春暖花开的时节,风景秀丽的崂山区传诵着一个动人的故事:崂山区王哥庄街道办事处王山口社区居委会姚正喜老汉的三个儿子先后退掉了二胎生育指标,终生只要一个孩子。

虽然这不是什么轰轰烈烈的大事,但对姚正喜老人一家很重要,因为他的三个儿子生的可都是女孩儿,在农村老人们眼里,这可是"断香火"的大事。

带着强烈的好奇心,我们来到王山口社区居委会。姚正喜大儿子姚宝忠家是一幢面积约300平方米的三层农家小楼,屋内设施豪华气派。媳妇张永丽告诉我们,他们1995年结婚,结婚时住在公爹分给的三间小平房里,新婚夜小两口商量好:先不着急生孩子,等赚足了钱盖起楼房再说。丈夫姚宝忠辞掉干了10多年的镇办工厂的工作,承包了村里的5亩水塘,养起了淡水鱼。由于管理得当,销路好,五年后,一幢气派的农家小楼盖了起来。婚后第六年,张永丽生了一个女儿。孩子刚满三个月,小两口就办理了独生子女父母光荣证,领取了1000元奖励费。得知大哥、大嫂办理了独生子女父母光荣证,已经领取了二胎生育证的二弟,看看大哥一家的生活,想想自己刚结婚就生了孩子,至今生活也不宽裕,如果再生一个孩子,日子就更紧巴了,于是两口子一商量,悄悄退了二胎生育指标,办理了独生子女父母光荣证。听说两个哥哥都不再要二孩,三弟姚宝建也做通了媳妇的工作,小两口欢欢喜喜地领取了独生子女父母光荣证。

姚家四世同堂,姚正喜弟兄五人,上有老父亲,下有三个儿子,可以说是家丁兴旺,怎么能愿意三个儿子"无后"呢?在王山口社区居委会的一片果园里,我们见到了正在忙碌的姚正喜老两口。老两口心直口快:"开始心里也不痛快,但想想以前我们养大三个孩子吃尽了苦头,也就不愿意孩子们再遭我们那份罪了。"谈到养老问题,姚正喜告诉我们:"如今这社会也不用指望孩子养老,村里给我们投了保险,老了有保障,生病有医疗保险。为啥还要去吃苦受累多生个娃?只要孩子们自己愿意,俺老两口也乐得清闲。""这两年我们也经常参加学习班,明白了不少道理,生男生女一样好,女儿也是传后人嘛!"说到这里,姚正喜84岁的老父亲也忍不住说:"如今政策好,嫚小是一样,有个嫚比小还强!"看来老人的观念真是转变了。

正在忙着加工塑钢门窗的三儿子姚宝健,停下手中的活儿和我们攀谈起来:"起初我们怕老人想不通,想不到老人这么开明。两个哥哥小日子过得不错,我和老父亲加工塑钢门窗,年收入少说也得 6 万～7 万元,我们都想趁着年轻多干点事儿,把这一个孩子培养成人才!"

多么幸福的一家人!这不正是我们中国当代千千万万个农民家庭的缩影吗?他们不再"养儿防老",而是依靠党的富民政策,用辛勤的劳动创造着美好的生活。

(《中国人口报》2005 年 6 月 1 日 2 版)

主任"问计"新市民

　　"你们为青岛的建设做出了突出贡献,成为真正意义上的青岛新市民。今天耽误你们点时间,征求一下你们对我市计划生育工作的意见。你们感觉我们的工作还有哪些不足? 请提提意见。""三八"妇女节前夕,青岛市人口计生委专门把 2005 年被评为青岛市十佳巾帼新市民的 10 名外来流动育龄妇女请进家门,召开了一次别开生面的座谈会。李淑华主任以姐妹的身份,以拉家常的方式诚恳地请这些在各自领域颇有建树的新市民对青岛市的计划生育工作献计献策。

　　"以前每次妇科查体我们都得自己花钱,而本地的育龄妇女不需要自己花钱,从去年以来,查体不用我们自己花钱了,虽然钱不多,但使我们感受到自己已真正从一个外来人成为青岛这个大家庭中的一员了。"作为青岛市十佳巾帼新市民之一的青岛东晖职业技能培训学校副校长王馨洁女士特别健谈,第一个谈了她的感受。随后大家先后对青岛市近年来开展的流动人口"关爱加盟连锁服务"活动谈了自己的看法,大家一致表示,关爱加盟服务使她们感受到家的温暖。李主任诚恳地说:"大家多提提反面意见,既然来了,就把心里话说说。"李主任将流管处、政法处、药具站、科研所等有关处室的负责同志介绍给大家。有关处室的负责同志也先后征求了大家的意见。当未婚青年高静静谈到企业里都是未婚青年,工作很忙,但还得随身携带婚育证明,每月接受检查而影响工作时,李主任表示理解,建议企业与当地计生部门签订协议,既要让员工干好本职工作,又要履行好计划生育义务。随后,话题转向了计划生育政策法规的宣传普及、避孕药具发放等问题,参加座谈会的十佳巾帼新市民都先后发了言,提出了宝贵的意见和建议。

　　在这次座谈会上,青岛市人口计生委还赠送给青岛市十佳巾帼新市民每人一份特别的节日礼物——一张健康卡,十佳巾帼新市民及其身边有特殊困难的家庭凭健康卡可以在市计划生育科研所每年免费享受一次健康查体服务。

(《中国人口报》2006 年 4 月 3 日 1 版)

青岛市 1.3 万人获计生奖扶金

记者昨日从市人口计生委获悉,各区(市)现已开始发放 2006 年上半年计划生育奖励扶助金。今年我市将有 13209 位符合条件的老人获得每年 600 元的计划生育奖励扶助金。

计划生育奖励扶助金是以国家公共财政投入政策为支撑的一项直接奖励扶助实行计划生育农民的政策。对响应国家号召只生育一个子女或两个女孩、年满 60 周岁的农民夫妇,由财政设立专项资金,给予每人每年不低于 600 元的奖励扶助金,一年分两次发放,上半年、下半年分别发放 300 元。此举大大缓解了实行计划生育老年家庭的生活费紧张问题,被群众称为“德政工程”。

我市从 2004 年开始在胶南市进行奖励扶助制度的试点,当年为符合条件的 815 户、945 人发放了奖励扶助金。2005 年,我市全面推行了农村部分计划生育家庭奖励扶助制度,全市有 10483 人获得了总计 628.98 万元的计划生育奖励扶助金。

奖励扶助政策的实施解除了农民的后顾之忧。该项制度实施以来,我市有 2343 个农民家庭退掉了二胎生育指标。

(《青岛日报》2006 年 7 月 25 日 1 版,王丽艳、王伟、陈素平)

胶州市加大对城镇失业人员
独生子女父母奖励费落实力度

针对企业改制城区失业人员增加,许多家庭无法获得独生子女父母奖励费的情况,胶州市由市财政协调,街道办事处统筹,把专项资金划拨到市人口计生局账户,通过银行存折以"直通车"的方式发放到个人账户,较好地解决了城镇失业人员独生子女父母奖励费的落实问题。

为确保底数清、情况明、资金预测准确,该市首先对城镇失业、无业、自谋职业独生子女父母进行摸底,以城区居委会为基本单位进行普查。上报登记时个人持本人身份证、失业证、独生子女父母光荣证、户口簿等有效证件核对。进行政策上的界定,分类进行调查摸底,避免交叉、重复登记。各办事处计生部门依据调查摸底的人数,做好资金预算,按照每人每年78元的奖励标准筹措资金。

在城镇失业人员独生子女父母奖励费的兑现过程中,完善兑现程序,面向社会公开,强化社会监督。将摸底后的城镇失业独生子女父母名单在其所属居委会张榜公布,接受群众监督,对张榜后无异议的独生子女父母由居委会造册建档,向所在办事处计生办上报人员名单,办事处计生办对上报的人员名单进行审核,确认后上报市人口计生局备案。

奖励费由所在办事处财政列支。自2005年开始每年将奖励费列入财政预算,并将城镇失业人员独生子女父母奖励费的落实情况纳入每年人口计生目标责任制考核,建立长效机制。年末做好调查摸底工作,确保每一位失业人员独生子女父母都能享受到这一政策奖励。

(《中国人口报》2006年10月11日2版)

青岛关注民生，加大投入

近年来，青岛市在稳定低生育水平的同时，关注群众需求，加大投入，落实相关服务，着力解决民生问题，收到良好效果，群众对计划生育工作的满意率超过95％。

加强基础设施建设，改善服务条件

青岛市在去年投入近 2 亿元改扩建镇（村）文化活动站（室）和镇（村）卫生院的基础上，继续推进计生服务机构基础设施标准化、形象规范化建设。在城市，进一步强化公共卫生服务资源的协调、整合，依托城市医疗卫生机构和社区卫生资源建立起多种形式的社区计划生育服务点，积极为常住和流动人口营造温馨化、个性化的计划生育服务氛围。在农村，将计生服务机构建设纳入新农村建设整体规划，市政府出台了意见，决定今年投入 1622.32 万元，为镇（街）计生服务站配备流动服务车、红外妇科治疗仪和显微镜等设备，费用全部纳入新农村建设专项经费。

实施优生工程，提高出生人口素质

青岛市将推进优生工程纳入国民经济和社会发展"十一五"规划，整合计生、卫生资源，全面、规范地推进优生工作，进一步提高出生人口素质。

去年以来，青岛市就投入优生资金上千万元，在 10 个区（市）实行了政府出资为群众提供免费婚检服务，在 11 个区（市）为群众免费提供优生四项检测。截至目前，已有 5 个区（市）婚检率超过 80％，崂山、黄岛、城阳等区（市）已实现从婚检到新生儿疾病筛查等优生系列工程全部免费。市南等区还将流动人口纳入优生工程范围之内。今年起，该市每年将投入资金 348.24 万元，用于全面推行为农村育龄妇女免费提供孕前优生四项监测。青岛市还积极推广 0～3 岁婴幼儿早期教育、3～12 岁儿童心理健康教育等，已有 60％的镇（街）建立了婴幼儿"早教基地"。此外，该市还建立了病残儿家庭档案，对病残儿家庭予以救助，并积极组织开展病残儿矫正和康复治疗。

积极促进生殖健康，提高群众健康水平

青岛市大力实施了生殖健康促进计划，广泛开展关注生殖健康、建设幸福家庭

等活动,并全部取消了人口计生工作面向群众服务项目的收费。

　　从今年起,市、区(市)两级政府每年将投入 618.29 万元,为农村已婚育龄妇女免费提供一次生殖健康专项检查,并对部分可以由镇级服务机构治疗的疾病免费给予治疗。同时,利用社会捐款 260 万元为市民免费赠送家庭药箱,全面开展"女性'健康·生育'关爱活动"。此外,青岛市还深入开展流动人口"关爱加盟连锁服务"活动,着重开展对未婚妇女的健康教育,增强她们的自我保健意识。

全面推行奖励扶助制度,让计生家庭得实惠

　　全面推行农村部分计划生育家庭奖励扶助制度,对农村年满 60 周岁的独生子女和双女家庭的父母,每人每年给予 600 元奖励。目前,已有 13209 人享受了这一奖励扶助制度。此外,对农村低保户中符合计生政策的独女家庭差额领取农村低保金后,每户每年增发 400 元专项生活补助。

(《人口导报》2007 年 4 月 9 日 2 版)

青岛市千方百计为计生家庭办实事

青岛市将维护群众利益作为稳定低生育水平重要举措,千方百计地为群众办实事、做好事,树立了计生工作的良好形象,有效促进了人口计生事业的健康发展,群众满意率超过 95%。

取消收费服务项目,为群众提供免费服务。在 2006 年由区(市)政府出资,10个区(市)实行免费婚检,11 个区(市)免费提供优生四项检测的基础上,从 2007 年开始,市、区(市)两级财政每年投入资金 348.24 万元,为新婚及批准生育二孩的育龄妇女提供免费孕前优生四项检测服务;每年投入资金 618.29 万元,为农村已婚育龄妇女提供一次免费生殖健康专项检查服务。

解决企业退休独生子女父母一次性养老补助问题。市人口计生委协调市财政局、劳动保障局等四个部门相继出台了《关于落实企业职工中独生子女父母退休时由所在单位发给一次性养老补助有关问题的通知》《关于解决企业部分职工中独生子女父母未享受加发 5% 退休金遗留问题的通知》,提出了具体的落实办法,畅通了法律救济渠道,通过劳动仲裁为 262 名企业退休独生子女父母落实了一次性养老补助。去年,全市共计发放一次性养老补助 6000 余万元,维护了群众的合法权益。

改革农村和城镇失业、无业、自谋职业独生子女父母奖励费及村(居)计生主任基础工资发放办法。去年,市人口计生委联合市财政局出台了《农村和城镇失业、无业、自谋职业独生子女父母奖励费发放规范》及《村(居)计生主任工资发放规范》,规定上述两项经费所需资金全部由区(市)统筹解决,通过金融机构以“直通车”的形式直接发放给本人。去年,全市已将 4479 万元农村和城镇失业、无业、自谋职业独生子女父母奖励费和 3960 万元村(居)计生主任工资发放到位。

此外,全市建立了 191 个人口计生便民维权服务点,直接解答和处理群众反映的问题,及时为计生家庭提供相关服务。

(《中国人口报》2007 年 4 月 11 日 3 版)

青岛市积极应对人口老龄化

日前,青岛市出台了《青岛市老龄事业发展"十一五"规划》,积极为老年人做实事、解难事、办好事,有步骤地解决人口老龄化形成的社会问题。青岛市"银发一族"将有更多利好。

统计数据表明,青岛市老年人口年增长率达 3.3％,到 2020 年人口老龄化将达 23.14％,老龄化进程的加快使传统的养老模式面临严峻的挑战。

新近出台的《青岛市老龄事业发展"十一五"规划》在建立完善的社会养老保障体系、社会医疗保障体系等方面提出了诸多新思路,突出表现在老年人的医疗保障与关注"空巢老人"等方面。比如,建立和完善农村养老保险制度,农村被征地农民的参保率将达到 95％;离休人员的医疗保障筹资标准每年按 12％的比例递增;为老年人建立健康档案,免费健康查体或发放体检补贴;帮助独居或经济来源不足的老人入住养老院。

今年,青岛市各级将全面实施这一规划,为全市 80 岁以上的高龄老人每人发放 150 元的体检补助费,为百岁老人免费查体、每月发放 200 元长寿补贴,老人节发放 200 元过节费。青岛市政府还出台规定,自今年 7 月 1 日起先在七区实施,将城镇中还没有纳入社会保障体系的老人纳入基本医疗保险范围,让所有老人享有基本的医疗保障。

加快实施农村"镇镇有中心敬老院"工程。全面实施计划生育家庭奖励扶助制度,加快对农村 70 岁以上老年人实行生活补贴的试点工作,办好养老护理员培训班,为居家养老和机构养老提供合格的护理人员;开展敬老模范区(市)、"双先""十大孝星"等先进典型的评选及宣传报道工作,促进社会敬老风气的进一步形成。

青岛市还充分发挥老年社团、老年大学的作用,组织广大老年人开展丰富多彩的文体活动,满足广大老年人的精神文化需求。加强对老年人的法律服务和援助工作,维护老年人的合法权益。

（《中国人口报》2007 年 7 月 2 日 1 版）

青岛市着力解决重点人口计生问题

今年以来,山东省青岛市各级以贯彻落实中央《关于全面加强人口和计划生育工作统筹解决人口问题的决定》精神为主线,全面抓好各项人口计生工作的落实。《中共山东省委 山东省人民政府关于贯彻中发〔2006〕22号文件全面加强人口和计划生育工作统筹解决人口问题的实施意见》下发后,青岛市认真学习、宣传、贯彻、落实,在广泛开展调查研究的基础上,确定下半年的工作重点。

一是进一步完善利益导向机制。主要研究解决对夫妻一方或双方生活不能自理的农村计划生育家庭进行补助及建立独生子女伤亡家庭救助制度的问题;在困难、破产、改制企业无力解决独生子女父母一次性养老补助的情况下,如何由同级政府统筹协调解决的问题;建立城镇无业人员独生子女父母年老一次性奖励制度和农村双女绝育户奖励制度及对合法生育二孩后落实绝育措施的家庭给予一次性奖励的问题;在农村新型合作医疗中,对农村奖励扶助对象中独生子女伤残、死亡的家庭增加一定支付比例的问题。

二是加大投入。测算到"十一五"末,青岛市总投入、人均绝对数,各级对人口计生事业费的投入不低于省标准,并不断增加市、区(市)的投入比例,减轻乡村的投入压力。研究市级财政对经济比较困难的区(市)在独生子女奖励费落实等方面给予一定比例补助的问题。

三是加强信息化建设。人口计生部门与相关部门实现网上信息共享,建立人口基础数据库;研究在户籍改革过程中,公安部门在户籍迁移时发现违法生育现象及时通知计生部门的问题。

四是加强队伍建设,争创品牌。建立完善专业技术人员职业资格制度,研究解决乡镇计生机构设置、编制和工作5年以上人员待遇落实及居委会设专职工作人员的问题。

(《中国人口报》2007年7月16日1版,陈素平、张妮、华烨平、卢凤辉)

家庭式管理高效便捷

山东省胶南市推出流动人口家庭式管理模式,使流动人口的管理服务更加便捷高效,为胶南市的经济社会发展创造了良好的人口环境。

家庭式管理模式即以家庭为单位,将流动人口的身份证明挂靠在房东家里,做到"人来登记,人走注销"。房东作为"家长",及时、准确地掌握"家"里流动人口的计生信息,及时上报备案,并将计生部门下发的计划生育宣传品送到家庭"成员"的手中。

实施流动人口家庭式管理模式,进一步优化了"部门联动、制度规范、村(居)托管、连锁服务"的流动人口计生管理服务模式。使各级人口计生部门围绕流动人口开展政策法规、生殖健康、婚育文明、科学育儿、依法维权等活动更为便捷,拉近了流动人口与政府的距离,达到流动人口之间相互监督、自我管理的目的。

据悉,胶南市通过家庭式管理已向流动人口发出 1.2 万张优惠服务卡,为 2.2 万人次的流动人口提供了就业培训、法律维权、子女入学和生殖健康等免费服务。

(《中国人口报》2007 年 7 月 30 日 2 版,陈素平、徐忠美)

品牌"知心"，服务贴心

近年来，山东省青岛市牢固树立以人为本的服务理念，全力打造"知心"服务品牌，使计生服务站(室)成为育龄群众的知心之家，技术服务人员成为育龄群众的知心朋友。

全面推进"两化"建设，打造温馨知心之家。市人口计生委制定出台了《计生服务机构"两化"建设实施意见》，全市计生服务机构建设既符合技术服务的要求，又体现温馨化、生活化、艺术感，还增设了体现知心服务特色的心语室、心怡室、避孕药具自取室等特色科室。今年，市政府投资 1583 万元为全市镇、村计生服务站(室)配备了流动服务车、数字化 B 型超声诊断仪等先进设备，进一步提高了服务机构的技术装备水平。

加强服务质量管理和交流、沟通，做群众的知心朋友。以落实《计划生育技术服务质量管理规范》为切入点，市人口计生委指导、督促各区(市)严格执行国家规定的专业技术操作常规，力求使群众来了舒心，接受服务放心。同时，加强与群众的信息交流与沟通，把满足群众在避孕节育、优生优育方面的共性需求作为制订年度工作计划的重要依据，对群众的个性需求，实行面对面的答复，进行一对一的沟通、交流，技术服务人员成为与群众心心相印的知心朋友。

实施免费优先优惠服务，献上热忱之心。全面落实计生免费基本技术服务制度。崂山、城阳、市南、市北等区(市)对落实长效节育措施的育龄群众给予 100～300 元的一次性补助。全市有 10 个区(市)由区(市)政府出资开展免费婚检。从今年起，全市每年投入 348.24 万元，免费为农村合法生育夫妇提供优生四项检测、个性咨询指导和宣传资料。今年，市政府出台了《青岛市城镇居民基本医疗保险暂行办法》，规定独生子女享受的待遇高于其他人员 5%，所需资金由财政负担。

（《中国人口报》2007 年 9 月 5 日 1 版）

青岛全面推进利益导向体系建设

去年以来,青岛市认真贯彻中央《关于全面加强人口和计划生育工作统筹解决人口问题的决定》精神,落实省《中共山东省委 山东省人民政府关于贯彻中发〔2006〕22号文件全面加强人口和计划生育工作统筹解决人口问题的实施意见》,以统筹的思路完善利益导向机制,让计生家庭优先分享改革发展成果,取得了显著成效。

该市在全面落实农村计划生育家庭奖励扶助制度、独生子女父母奖励、计划生育免费基本技术服务制度以及独生子女伤残死亡家庭扶助制度等的基础上,制定并出台了多项有利于稳定低生育水平的惠民新政策。一是建立计生家庭特别扶助制度。从去年起,由市、区(市)两级政府出资,对独生子女死亡或伤、病、残且未再生育或收养子女的夫妻,年满49周岁后,每人每年给予1200元或960元扶助金。二是在城镇居民基本医疗保险普惠政策中向独生子女家庭倾斜,其基本医疗保险基金支付比例比非独生子女高出5%。三是对符合政策但放弃二胎指标的家庭给予不低于1000元的一次性奖励,提倡有条件的村(居)对考入大专以上院校的独生子女给予一次性或年度奖励。四是按人均分配集体收益或安置拆迁,独生子女户增加1人份的份额。五是倡导区(市)建立长效节育措施奖励及补助制度。

建立财政投入的长效机制,全面、规范地推进优生系列工程,提高出生人口素质。从去年开始,市、区(市)两级每年投入404万元,免费为符合政策拟生育的夫妇提供孕前优生四项检测、个性咨询指导和宣传服务,检测率现已超过90%,目标人群对优生基础知识知晓率超过90%。区(市)每年投入500多万元,免费开展婚前健康检查,婚检率现已回升到70%以上。

维护流动人口的合法权益,引导人口合理流动。市委宣传部等14个部门共同开展对流动人口"关爱加盟、连锁服务"活动,全市共组织了249个加盟单位为流动人口提供免费或低偿的劳动技能培训、法律维权咨询、职业介绍、房屋中介服务、免费的计生技术服务和预防艾滋病知识培训等系列服务。2007年共有17.09万人受益。

对计生女儿户实行优先优惠,促进出生人口性别比实现自然平衡。各部门发挥自身优势,积极参与"关爱女孩行动"。民政部门对农村低保中符合计生政策的独女家庭差额发放农村低保金后,每户每年再增发400元专项生活补助,去年共有

495户独女家庭受益。各级妇联积极实施"春蕾计划",帮助女童完成九年义务教育。去年共募集资金137余万元,资助"春蕾女童"3850名。教育部门优先为贫困家庭的中小学女生减免学杂费、书本费和发放生活补助,去年共投资1500余万元,资助了5万余人次。卫生、药监等部门开展联合执法检查,严厉打击"两非"。

大力构筑养老保障体系,积极应对人口老龄化。去年为全市36万名企业离退休人员人均每月增加了199元养老金,大力推进新型农村社会养老保险工作,全市参保人数已达48万人,向70岁以上老年人发放定额生活补贴,为1469名孤寡、困难和优抚老人"买单",提供了"居家养老"服务;推进惠老项目建设,投资3000万元,改扩建农村五市30处敬老院;启动市、区(市)两级老年文体活动中心建设工程,将新建小区配套老年公寓建设纳入城市规划;加大老有所医保障力度,将城镇无养老保险、无医疗保险的老人纳入城镇居民医疗保障范围,免除了农村70岁以上老人在新型合作医疗中的个人负担部分,对80岁以上老人,每人每年给予150元的体检补助费,对百岁以上老人,每人每月发放200元生活补贴。

(《人口导报》2008年1月14日2版)

青岛市推出统筹解决人口问题系列举措

日前,山东省青岛市委、青岛市人民政府出台了《关于全面加强人口和计划生育工作统筹解决人口问题的意见》(以下简称《意见》),提出了统筹解决人口问题的一系列新政策、新措施。

一是建立和完善违法生育人员相关资格审查制度,严肃查处违法生育行为。将遵守人口计生法律法规及政策作为提拔任用干部和推荐各级党代表、人大代表、政协委员、青联委员、工商联执委等的候选人以及评选劳动模范和综合性先进个人的基本要求;获得相应荣誉称号后违法生育的,依照有关程序罢免或撤销其相应资格和荣誉称号。党员、干部违法生育的,依法依纪从严惩处。

二是在普惠政策中体现优先优惠,让计生家庭优先分享改革发展成果。具体措施有在城镇居民基本医疗保险的普惠政策中向享受独生子女待遇的少年儿童倾斜。对农村低保家庭中独生子女死亡后未再生育或收养子女的,按低保标准的三分之一增发专项生活补助;对独女家庭,在增发专项生活补助的基础上,每户每年再增发 400 元补助。在按人均分配集体收益或安置拆迁时,独生子女户增加 1 人份的份额。

三是建立五项新的计生惠民政策,让广大计生家庭受益。从 2007 年起,对独生子女死亡或伤、病、残且未再生育或收养子女的夫妻,年满 49 周岁后,每人每年给予 1200 元或 960 元扶助金。对采取长效节育措施的育龄妇女给予 100 至 300 元的奖励;在全面落实对农村符合生育政策拟生育的育龄妇女,由市、区(市)两级政府出资免费实施优生检测的基础上,把城镇职工优生检测项目纳入生育保险孕早期检测项目之中,所需费用从生育保险中列支。

四是加强农村区(市)级计生服务站建设,提高农村计生公共服务水平。2008 年将区(市)级计生服务站建设纳入市政府大项目建设规划,市、区(市)两级从基建项目资金中列支,为 8 个农村区(市)级计生服务站全部配备所需的手术、检验和筛查设备;为部分区(市)级计生服务站配备流动服务车,扩建计生服务站。青岛市级财政对经济困难的区(市)实行重点扶持。

五是打造城市"一刻钟计生技术服务圈",提高城市计生服务能力。实行每个街道有一个计生服务站,除依靠区(市)级服务中心建立少数分站外,主要是在社区医疗卫生中心设立计生技术服务重点科室,开展生殖健康检查等便民服务。

(《中国人口报》2008 年 3 月 17 日 1 版)

青岛精心打造"知心"服务品牌

近年来,青岛市统筹规划计生技术服务资源,全面加强服务机构基础设施建设,打造"知心"服务品牌,计生技术服务质量不断提高。目前,全市避孕方法知情选择服务率超过 99%,已婚育龄群众的生殖健康科普知识宣传咨询服务率超过 95%。

统筹规划,合理布局计生技术服务资源。在农村,积极推进计生技术服务体制改革,建立"五站并存"的镇(街)计生技术服务格局。在城市,依托社区卫生医疗资源,打造"一刻钟"计生技术服务圈,育龄群众步行一刻钟之内便可到达就近的计划生育服务机构接受服务。全市形成了以区(市)服务中心为龙头,以镇(街)服务站为重点,以村(居)服务室为基础的计生技术服务网络。

积极推进计划生育服务站(室)标准化、形象规范化建设。去年市政府将镇(街)、村(居)计生服务站(室)建设列为 2007 年重点办好的十件实事之一。市、区(市)两级从新农村建设专项经费中列支 1703 万元,为全市 124 处镇(街)计生服务站全部配备电脑、流动服务车等设备,今年市政府将加强区(市)级计生服务站建设纳入全市基础设施建设项目。目前,全市已有 10 个区(市)计生服务中心、109 个镇(街)计生服务站、3654 个村(居)计生服务(室)完成了基础设施标准化和形象规范化建设。

开展以全面提升服务能力和服务质量为主要内容的品牌创建活动。围绕做育龄群众的"知心"朋友、建育龄群众"知心"之家,开展个性化、心贴心的"知心"服务,在全市开展了"知心"服务品牌宣传和技能培训,计生技术服务由单纯的避孕节育服务,拓展到围绕群众需求,开展优生咨询指导和妇科病查治服务等优质的生殖保健服务。

(《人口导报》2008 年 3 月 31 日 1 版)

青岛："电子地图"巧解城区计生工作难题

　　2月2日这天,在青岛市四方区海伦路社区,计生主任李婷向笔者展示了"计生电子地图",随便点击地图上的一处建筑物,就可以出现住户的人名,点击人名后,其相关资料便一目了然。李婷说:"计生电子地图就像一个动态的备忘录,不仅甩掉了繁重的手工档簿,工作起来特有针对性,能把群众最需要的服务第一时间送到!"

　　这是青岛市启用计生电子地图后的一个工作缩影。

　　近年来,随着市场经济的发展和城市建设步伐的加快,青岛市流入人口不断增加,异地搬迁现象较多,获取封闭物业小区、楼宇单位计生信息的难度较大等,给人口计生管理服务工作带来一定的难度。针对这种状况,青岛市积极探索,自去年着手开发人口电子地图信息系统,率先在四方区试点,把城市地理管理系统与计生WIS系统、育龄妇女数据库进行对接,以电子化的形式将各区域的计生工作标示出来,在电子地图上,用不同颜色的线条、图标、色块、文字对各街道、社区、楼座、单元、楼层,直至住户的婚育信息进行标示,并对流动人口集中居住区域、搬迁地段、封闭物业小区等重点区域予以重点标示,建立起计生电子地图操作平台。社区计生工作人员打开计算机就能看到一个与实际地理位置完全一致的"虚拟社区",可以直观地了解每一户的计生信息情况,达到了"全貌划片、楼况显示、户况清楚、分类概况明晰"的直观效果。目前,全市城区普遍推行社区电子地图应用系统。

　　为更好地发挥信息的指导服务作用,各区(市)均建立了部门数据交流平台,民政、卫生、公安等部门每月定期将本部门业务数据导入该平台,计生部门定期从这一平台获取结婚、怀孕、生育、节育、出生、死亡、迁入、迁出等信息,并根据本部门的业务需要对相关部门的信息进行转换调配后,录入本区育龄妇女大型数据库,对本部门掌握的信息则随时录入数据库,为计生电子地图不断更新数据,及时进行动态信息分布式管理与维护。

　　为确保信息的准确性,由市、区(市)两级出资916万元,利用社区公益性岗位,配备了1670名计生协管员,对无物业管理的敞开式楼院实行"网格"式管理,对封闭物业小区、楼宇单位,依托协会组织,摸清育龄群众底数,实行动态管理,切实将城区的计生管理服务工作及时落实到位。

　　(《人口导报》2008年5月26日2版,陈素平、黄文辉)

"零收费"为"城市新名片"增添亮色

近年来,青岛市各级在有效整合社会资源、积极为流动人口开展"关爱加盟连锁服务"的同时,不断加大投入,免费为流动人口开展系列化优质服务,使流动人口"关爱加盟连锁服务"成为岛城的一张含金量十足的名片。

从2005年起,青岛市人口计生委、市委宣传部等15个部门在对3100名流入人员进行需求问卷调研的基础上,联合发起了对流动人口开展"关爱加盟连锁服务"活动,动员社会各界力量加盟,围绕着劳动技能培训、法律法规、避孕节育、生殖保健知识培训、法律咨询和法律维权服务以及丰富业余文化娱乐生活、职业介绍、房屋租赁等方面,为流动人口提供免费或优惠的服务。目前,全市共有加盟单位330个,仅2007年,全市加盟单位就向流动人口提供连锁服务达17.09万人次。

对流动人口计生技术服务实行全程"零收费"。坚持让流动人口享受市民待遇和亲情服务,不断拓展免费服务的范围,提高免费服务的标准。将流动人口纳入优生系列工程服务范围,向流动人口免费提供孕期保健服务、优生四项检测和叶酸制剂;安排专项资金每年为流动人口免费提供一次生殖健康检查,建立流动人口生殖健康档案,对检查出的轻度妇科疾病实行跟踪免费治疗;在流动人口集中区域设置免费避孕药具自取箱,方便流动人口随时获得安全、有效的避孕药具;在现代服务业从业人员中开展"特殊行业育龄妇女生殖健康"专项服务活动,免费开展艾滋病、性病等疾病检测。全市每年投入流动人口计生服务管理经费约1000万元。

为流动人口提供免费计生宣传服务。建立新型宣传教育阵地,依托"新市民之家"成立"新市民学校",依托建筑工地"职工夜校"、劳动技能培训机构、社区教育课堂等建立流动人口素质教育基地,定期免费向流动人口举办计生知识培训,并聘请有关专家开展生殖健康、预防性病和艾滋病的教育;开设网上人口学校,设立流动人口板块,为流动人口提供信息交流和互动平台。与分众传媒合作,利用联播网在604个封闭物业小区和高档写字楼滚动播放生殖健康知识,畅通了与流动人口的沟通渠道;依托社区卫生资源成立社区计生服务站,打造城市"一刻钟计生技术服务圈",为流动人口免费开展"我的健康我负责""艾滋病就在我身边"等专题讲座,举办艾滋病"感染者的心声"大型巡回展出,方便流动人口接受教育。

制定有利于流动人口的计生利益导向政策。开展"生育关怀在岛城——亲情牵手"活动,组织部队和大学生志愿者,对子女参军或人口流动形成"空巢"的计生家庭结成帮扶对子,提供精神慰藉和生活料理服务。部分区(市)对流动人口中的特困独生子女家庭进行救助;对合法生育的特困流动人口提供 600～1000 元的分娩补助;在出台长效节育措施奖励制度时,将流动人口纳入其中,引导流动人口自觉落实长效节育措施。

（《中国人口报》2008 年 8 月 28 日 1 版）

突出工作重点，加快发展步伐

山东省青岛市人口计生系统突出今年工作重点，加快发展步伐。

今年，青岛市将千方百计稳定低生育水平。全面深化综合改革，着力构建统筹解决人口问题的决策与调控机制，推进长效工作机制建设，开展争创国家综合改革示范市活动。以关注民生为着力点，完善计生利益导向政策体系，全面落实好国家、省和市已出台的各项计生利益导向政策，重点指导区（市）、街道协调、督促企业落实一次性养老补助政策，村级落实在分配集体福利时给独生子女家庭增加 1 人份额的规定。积极参与新型农村社会养老保险制度试点，主动介入集体林权制度改革、农村土地流转征用补偿、宅基地置换、扩大免费公共服务等公共政策的制定，做好人口计生政策与相关公共政策的衔接。

加强计生科技工作，推进优质服务提质、提速。进一步做好农村计生服务站（室）"两化"建设，完善城市"一刻钟计生技术服务圈"，到 2009 年底，社区计生服务机构全面完成"两化"建设，实现优质服务全覆盖。

全面落实城区计生工作规范，完善计生协管员制度，推进城区计生"网格化"管理。强化现居住地和户籍地之间的双向配合与协作，推进流动人口管理服务区域协作，深化流动人口"关爱加盟连锁服务"活动，率先实现市内流动人口"一盘棋"工作格局。

加强人口计生干部队伍建设。组织实施"强基提质工程"，强化业务知识、技能培训和岗位练兵活动等，提高人口计生队伍的综合素质、工作能力和职业化水平。

（《中国人口报》2009 年 2 月 25 日 1 版）

多管齐下推进"阳光政务"

近年来,青岛市把开展"阳光计生行动"作为全面落实科学发展观、推进和谐计生的重要举措,不断完善政务公开、民主评议、社会监督等制度,切实保障人民群众的知情权、参与权、表达权、监督权,推动全市人口计生工作不断深入发展。

坚持依法行政,文明执法。一是坚持文明执法,切实做到依法办事。严格遵守社会抚养费征收的执法程序,严禁粗暴执法,坚持区分不同情况,以宣传教育为主,反复做好思想工作,动员违法生育群众自主缴纳社会抚养费。对有能力而拒不缴纳的,依法申请人民法院强制执行。全市已连续 7 年没有发生行政违法案件,杜绝了乱收费、搭车收费、收取押金等现象的发生。二是积极创新执法方式,全面开展便民维权服务。在全市设立计生便民维权服务点 191 个,在网上开设人口计生法律救助栏目,利用信访信息引导服务。完善全方位的计生法治监督体系,认真落实行政执法责任追究制度,市和区(市)两级聘请了 245 名计生义务执法监督员,自觉接受群众监督,及时纠正不当的行政行为。

加强人口计生信息化建设,为育龄群众提供便捷服务。完善人口计生信息网络,全面推行"网上计生",市、县、镇、村四级全部实现了广域网互联互通,搭建起人口计生内部办公交流和公共信息服务平台,实现涉民计生事务网上办理,并在全面梳理了全市 178 个镇(街)计生办和服务站的 4000 多条服务信息和全面分析育龄群众信息需求的基础上,策划设计了场景式服务,于 2008 年 10 月份在青岛市政务网上发布,育龄群众足不出村(居)即可获得人口计生法律法规、科普知识和新农村建设资讯;利用政府电子政务平台,积极建立社区计生电子地图,研制了"全貌画图、户况显示、分类明晰、动静结合"的微机管理软件,开辟了利用直观微机信息开展计生管理服务的新途径;研制开发了村级计生管理服务软件,建立起涵盖计生各项业务的信息系统,村级人口信息的变化情况,随时输入微机存档,每日开机自动提示应开展的服务,村级据此进行入户随访和服务,实现了信息引导管理和服务。

全面推进人口计生政务公开,不断加大政风行风建设。一是制定并出台了《市人口计生委政府信息公开办法(试行)》,建立并完善了政府信息主动公开、依申请公开、保密审查、监督检查等一系列制度,完成了与市政府门户网站的对接工作,把所有应当公开的内容全部公开,并与市计算机中心研究开发场景式服务,先后召开 2 次人口计生系统政府信息公开工作培训会,并加强督查力度,推动人口计生政务公开工作形成制度化、规范化。二是认真参加《行风在线》直播节目。主任李淑华每年参加青岛市人民广播电台举办的《行风在线》直播节目,与群众直接交流、沟通。对群众提出的人口计生工作方面的问题,给予现场解答或经事后调查了解在规定时间内予以反馈,处结率达 100%。三是深入开展人口计生系统政风行风和示范点、示范窗口创建活动及"下评上"行风评议活动,不断提高群众的满意度,树立人口计生行业新形象。积极实施阳光计生行动,开展"请农民兄弟姐妹评计生"和"请流动人口评计生"活动,部分区(市)将阳光计生服务热线纳入区(市)长公开电话,进一步畅通了群众的诉求渠道,切实维护人民群众的知情权、参与权、表达权和监督权。四是定期邀请市政府纠风办行风监督员和市监察局的有关人员到人口计生部门监督指导工作,对全市人口计生工作及其行风建设情况进行评议、监督、指导,促进"阳光计生行动"的全面落实。

(《中国人口报》2009 年 3 月 20 日 3 版)

崂山区农村孕妇享住院分娩补助

近日,山东省青岛市崂山区出台了《关于对农村居民依法生育第一个子女给予住院分娩补助的意见》,随着该意见的实施,预计每年将惠及全区 1000 余户农民家庭。

崂山区是青岛市经济较为发达的区(市)之一,农村居民占全区总人口的 80%。近年来,崂山区通过大力实施新农合、养老保险等一系列保障制度,较好地满足了农民的医疗和养老需求,但相对于可以享受生育保险的城镇居民而言,农民的生育无充分保障。为此,崂山区出台了《关于对农村居民依法生育第一个子给予住院分娩补助的意见》,规定自 2009 年 1 月 1 日起,凡夫妻一方为崂山区户籍的农民家庭,女方尚未参加生育保险,并且在有资质的合法医疗机构依法生育第一个子女的,可获得住院分娩补助 200 元。住院分娩补助资金由区财政列入年度预算。

为确保住院分娩补助资金的有效使用,崂山区实施了"区—街道—社区"逐级审核制度、公示制度和追回处罚制度。凡符合条件的农村家庭首先需携带子女出生证明等材料到所在社区居委会填写《住院分娩补助申请表》,由社区党支部、居委会核实确认后报街道计生部门复审,街道计生部门复审后,于每月 8 日前报区人口计生部门审核,区人口计生部门审核后报区财政部门审批,并于每月 15 日前将资金拨付到街道。将专项补助资金的发放情况按季度分别在社区、街道的便民公示栏进行公示,接受群众监督。

(《中国人口报》2009 年 3 月 31 日 1 版,陈素平、薛晓鸣)

青岛深化人口计生服务体系建设

　　近年来,山东省青岛市坚持以人为本,统筹城乡发展,大力推进公共财政向人口计生工作倾斜,建设覆盖城乡的人口计生服务体系。

　　青岛市统筹规划,合理布局人口计生服务资源。在农村,积极推进计生技术服务工作改革,形成"五站并存"的镇(街)计生技术服务格局:选择经济状况较好、人口规模较大、交通方便的重点城镇,设置中心镇(街)服务站;在城区周边或地处偏远、经济基础较差、技术力量薄弱的镇(街)设置区(市)计生服务中心分站;在医疗卫生资源较丰富、计生服务站技术力量薄弱的镇(街),实施政府出资购买技术服务,设置镇(街)服务站;对人口规模和技术力量较大的镇,继续保留普通服务站;将服务半径较小、技术力量较弱的和周边设有中心站、分站或实施政府购买技术服务的镇(街)服务站调整为咨询服务站。在城市,采取依托社区医疗卫生机构或设置区(市)计生服务中心分站的方式,在每个街道设置1至2个计生技术服务机构,使育龄妇女步行一刻钟即可到达服务点接受计生技术服务。全市形成了以区(市)服务中心为龙头,以镇(街)服务站为重点,以村(居)服务室为基础的计生技术服务网络。

　　积极推进计划生育服务站(室)形象规范化建设。2007年,青岛市投入1703万元,为全市124处镇(街)计生服务站全部配备电脑、流动服务车、数字化B型超声诊断仪、红外治疗仪等设备,为4450个村服务室配备B超检查用床和床上用品。2008年,市人口计生委与市发展改革委联合下发了《"十一五"农村区市级计生服务机构建设实施方案》,市、区(市)两级投入2408万元,为8个农村区级人口计生服务机构配备了先进设备,为4个县(区)服务站配备了流动服务车,为4个区(市)服务中心新建和扩建了服务大楼。目前,全市12个区(市)服务中心、124个镇(街)服务站、4450个村(居)服务室全部完成基础设施标准化和形象规范化建设。

　　将实施优生工程纳入《青岛市"十一五"国民经济和社会发展规划纲要》和青岛市人口发展战略研究。市、区(市)两级财政每年投入404万元,开展孕前优生四项检测和宣传咨询服务,并在财政投入上重点向农村人口较多的区(市)倾斜。目前,全市婚检率超过70%,优生检测率和目标人群优生基础知识知晓率均超过90%。崂山、黄岛等4个区(市)实现了从婚检到新生儿疾病筛查的优生全程免费服务。

　　从 2007 年起,市、区(市)两级财政每年投入 770 多万元,为包括流动人口在内的已婚育龄妇女免费提供生殖健康检查服务,并对部分可以由镇(街)服务站治疗的疾病给予免费治疗。崂山、黄岛等区级卫生院对患生殖系统疾病和乳腺疾病的已婚育龄妇女实行免费检查。

(《中国人口报》2009 年 4 月 3 日 1 版)

四方区"四线合一"破解城区计生工作难题

　　近年来,针对城区流动人口、无业人员、集体户人员、人户分离等情况较多给人口计生工作带来的不便,青岛市四方区建立了"四线合一"工作机制,破解城区人口计生工作难题。

　　建立社区计生工作线,掌握人户分离底数。社区书记、计生主任以及工作人员人人争当计生信息员,分片包干,落实责任,认真开展清理清查活动。以居民楼组长为骨干、计生工作站成员和志愿者为补充,以计生 WIS 系统信息和劳动保障等部门提供的信息为依据,逐户拉网进行核查,全面掌握人员底数,及时了解人员去向,做好政策宣传、落实待遇、调整 WIS 系统信息、上报街道等工作。

　　建立拆迁部门工作线,确保摸清拆迁人员去向。建立计生、拆迁部门联动机制,由社区主动配合,抓住拆迁部门入户调查、签订拆迁合同等有利时机,及时登记拆迁育龄群众的计生信息和搬迁去向,做好与现居住地的委托、交接和信息反馈,落实服务管理措施。同时通过拆迁部门及时把握社区居民的回迁时间,在居民领取新房钥匙时,再次登记核实,准确掌握居民现居住地及婚育状况,确保人户分离信息准确无误。

　　建立驻街企业工作线,促使企业集体户有序流动。街道指导企业对本单位原集体户人员进行认真摸查,对有固定住所的以及户籍在集体户而人已离开单位的人员动员其将户籍迁出;对刚进入单位集体户人员,将"人离户走"相关事项纳入劳动合同,明确双方的责任与义务;对已离开本单位,因故无法迁出户籍的,收取保证金,并规定其在规定时限迁出户籍;加强企业与社区的"双重管理",对工作关系已经离开原单位,但仍居住在单位集体宿舍的,由宿舍所在社区与原单位协同管理,杜绝漏管。

　　建立公安联动工作线,提高户籍信息的有效使用率。为准确掌握流入人员、户籍人员、人户分离人员、集体户人员的流动情况,街道积极协调公安部门,由派出所及时为社区提供户籍变动信息、暂住人口信息以及拆迁和回迁信息。在已婚育龄人员将户籍落入集体户时,及时填写计生信息,定期通报街道和社区,以便及时调查、核实,采集信息,建档立卡,做好微机录入和统计工作。

　　(《人口导报》2009 年 4 月 6 日 2 版,陈素平、黄文辉)

青岛唱好流动人口计生服务管理"大合唱"

青岛市人口计生委出台了《关于加快建立全市流动人口计划生育"一盘棋"工作机制的意见》,在全市范围内建立"统筹管理、服务均等、信息共享、区域协作、双向考核"的流动人口"一盘棋"工作机制,全面提升流动人口计生服务管理水平。

协调相关部门齐抓共管,完善综合治理工作机制。一是强化流动人口服务管理协调工作。积极争取将流动人口计生工作纳入本地区社会管理和公共服务体系,实行统筹规划。进一步明确相关部门流动人口计生工作职责,严格兑现奖惩。人口计生部门与公安、城建、劳动保障、工商、教育等部门密切协作,通过召开联席会议,实行联合巡检、联合办公和"一站式"服务等形式,共同做好流动人口计划生育服务管理工作,形成政府主导、统筹协调、部门联动、综合治理的流动人口计生工作格局。二是落实部门信息交流通报制度。人口计生部门协调有关部门定期交流流动人口信息,探索搭建部门信息共享平台,努力实现部门网络互联互通。

落实户籍地和居住地责任,密切"两地"工作配合关系。一是落实户籍地责任,强化源头管理。明确户籍地对流出地已婚育龄妇女的服务管理责任,遏制违法生育行为。二是落实居住地责任,强化属地管理。逐步将流动人口纳入优生系列工程和生育关怀行动服务范围,深化流动人口"关爱加盟连锁服务"活动,实现流动人口和常住人口享受同等服务。三是落实信息交流职责,提高"两地"信息共享水平。将流动人口信息化建设纳入人口计生信息化建设总体规划,加强和规范户籍地与居住地流动人口信息交流,在全市实现流动人口信息互联互通、异地查询、跟踪监测、动态管理。四是建立流动人口特殊人员信息交流和反馈制度。户籍地区(市)人口计生部门负责落实镇(街)分拣上报的流动人口特殊人员居住地详细地址,随时上报市人口计生委流动人口信息交流平台。居住地区(市)人口计生部门每日接收其他区(市)交流的信息,对居住在本辖区的人员,及时建档纳入服务和管理,并向户籍地发送通报单和报告单。

加强区域合作,建立和完善区域协作机制。一是开展多形式协作,提高协作水平。协作单位通过签订区域协作协议、建立信息通报和区域联席会制度等形式,加强相互配合。不断完善协作机制,定期或不定期召开联席会议,研究和解决区域协作中存在的困难和问题,交流流动人口计生服务管理经验,探讨加强协作的工作思路,创新协作模式,推动全市流动人口计生服务管理工作健康发展。二是建立层级协调工作机制,协商解决工作难题。对流动人口计生服务管理工作出现的争议问题和双方协调配合面临的困难,由区(市)、镇(街)之间协商解决。二是建立案件查办协作制度,提高办案效率。居住地负责向户籍地查询生育和孕情政策属性不详人员的有关情况,对调查属实的违法生育,协作双方共同做好社会抚养费收缴工作,避免违法生育当事人规避法律,到异地接受违法生育处理。

(《人口导报》2009 年 7 月 27 日 1 版)

青岛推行目标责任考核实时预警制度

为确保人口计生目标管理责任考核公正、公平、公开、透明,推动全市人口计生工作持续健康发展,从 2010 年 4 月起,青岛市人口计生工作领导小组推行人口计生目标管理责任考核情况定期通报、实时预警制度。

市人口计生工作领导小组通过相关部门信息比对、信访举报查处、网上监控、网络舆论监督等形式,对各区(市)人口计生工作进行实时考核。每月、每季度、每半年向各区(市)人口计生"五职责任人"(党委、政府主要领导、分管领导、人口计生局长)通报考核有关情况,表彰工作成绩突出的区(市)、镇(街);通报工作不力的区(市)、镇(街),指出存在的问题,推动各级及时掌握全市及本地工作形势,有针对性地改进工作。

对工作达不到要求或可能不能完成责任指标的区(市)、镇(街),市人口计生工作领导小组将根据情况随时向各区(市)人口计生"五职责任人"下发预警通报,并通过召开会议、座谈交流或下发文件等形式,督促帮助基层有针对性地查摆问题、纠正问题和解决问题,克服年终发现问题时无法及时解决的弊端,充分发挥目标责任考核工作的导向作用。凡发现违法生育,主动上报,出现问题限期主动整改的,从轻或减轻相应责任追究;凡故意瞒报违法生育,对通报和预警的问题整改不力的,将在考核中加重扣分,并从重或加重实施"黄牌警告""红牌警示""一票否决"等责任追究。

为保证定期通报、实时预警的准确性、公正性,进一步建立和完善对实施目标责任考核的单位和人员的约束机制,鼓励各级人口计生工作者、社会各界人士及广大群众随时进行举报,对违反有关规定的考核工作人员,一经查实,严肃处理。

(《人口与计划生育》2010 年第 7 期)

胶州市完善企业职工生育保险制度

日前,胶州市人口计生局、劳动和社会保障局联合下发了《关于调整企业职工生育保险医疗费标准的通知》,出台了关爱育龄妇女的一系列新政策,进一步完善计生利益导向政策。

生育医疗费报销比例大幅度提高。凡依法生育并参加生育保险的企业女职工,到定点医院分娩的,自然分娩的医疗费报销额度由原来的 980 元提高到 1400 元,剖宫产的医疗费报销额度由原来的 2000 元提高到 3000 元。到非定点医院分娩的,自然分娩的医疗费报销额度由 780 元调整为 1100 元,剖宫产的医疗费报销额度由 780 元提高到 2400 元。

报销范围进一步扩大。将妊娠高血压、妊娠剧吐、先兆流产的保胎治疗 3 个病种的住院治疗费纳入生育保险基金支付范围。妊娠高血压患者住院治疗,最高支付限额为 1350 元;妊娠剧吐患者住院治疗,最高支付限额为 1120 元;先兆流产患者住院治疗以保胎,最高支付限额为 650 元。进一步规范宫外孕的住院治疗,设定最高支付限额为 3000 元。生育职工实际发生费用数额低于上述标准的据实支付,高于该标准的按最高限额支付。

孕产妇异地就诊更加方便。对因限于技术力量和设备条件确需转上级医疗机构生育、治疗的,由主治医师填写《胶州市企业职工生育转诊申请表》,并签署意见、加盖公章,经市劳动和社会保障局经办机构审核后,可转入外地治疗。参保人出院后携带相关材料到经办机构结算。

(《中国人口报》2010 年 8 月 24 日 1 版,陈素平、李国源)

青岛着力打造"和谐人口、诚信计生"理念

树立"和谐发展"意识,上、下级按职责定位,实施层级管理;把是否落实计划生育纳入企业诚信体系、个人信用体系,进行诚信管理;实时考核通报预警……列举今年以来青岛市打造"和谐人口、诚信计生"工作理念的系列举措,和谐、诚信的政风、行风扑面而来。

青岛市人口计生委率先转变职能,带头讲诚信。按职责定位,实施层级管理,进一步规范办事流程,全市人口计生系统层级清楚,彼此信任,上下联动,各行其责。各级计生协会动员引导广大育龄群众做诚信公民,自觉实行计划生育,少生优生,实现自我管理、自我教育、自我服务。积极实施阳光计生行动,开展"请农民兄弟姐妹评计生"和"请流动人口评计生"活动,部分区(市)将"阳光计生服务热线"并入区(市)长公开电话,进一步畅通群众诉求渠道,切实维护人民群众的知情权、参与权、表达权和监督权。

市委宣传部、人口计生委等8个部门联合出台文件,共同开展"倡导婚育文明、推进移风易俗"活动,全市84%的村(居)建立人口文化大院,组织群众开展喜闻乐见的计生文艺活动,使群众在潜移默化中树立起科学、文明的婚育观念;围绕纪念《关于控制我国人口增长问题致全体共产党员、共青团员的公开信》发表30周年,开展系列文化宣传活动,在全市营造浓厚的宣传氛围;建立计划生育有关问题公示制度,各区(市)按照属地公示的原则,公示辖区内瞒报、漏报违法生育,不落实计划生育责任的单位或个人,造成强大的舆论声势。市人口计生委、教育部门、公安部门等10个部门联合出台了《关于进一步加强流动人口计划生育综合管理工作的意见》,进一步明确部门职责、分工,在全市建立"统筹管理、服务均等、信息共享、区域协作、双向考核"的流动人口计划生育"一盘棋"工作机制。

今年以来,青岛市计生家庭享受更多实惠。这得益于全市各级把人口计生工作融入民生工作格局,不断完善计生利益导向政策,在落实好对计生家庭的奖励、扶助、救助、免费服务和企业退休职工中独生子女父母一次性养老补助等的同时,整合政策、资源,特别是在养老、医疗、就业培训、扶贫开发等方面,充分体现对计划生育家庭的优先优惠。建立考核预警机制,完善责任追究制度,对工作达不到要求或可能不能完成责任指标的单位随时通报,实时预警,帮助基层解决问题,不搞年终"一锤定音",对预警后工作不落实、不整改的单位,视情实行"黄牌警告""红牌警示"和"一票否决"。

(《人口导报》2010年9月20日1版)

喜看今朝凤凰园,少生快富谱新篇

栋栋楼房鳞次栉比,绿树掩映的道路两旁,不时可见气派的小轿车驶过……走进青岛市黄岛区薛家岛街道薛家岛四社区,着实感受到现代都市社区的文明氛围。

薛家岛四社区以前叫薛家岛四村,传说薛家岛是一只凤凰化身而成,四村地处凤凰腹地。2005年拆迁改造,由村改为社区,薛家岛四社区也被命名为凤凰园小区。凤凰园小区现有497户、1501人,已婚育龄妇女333人,2009年人均收入达12052元。社区为居民分别办理了"新农合""农工商""自谋职业"三种保险,社区老人每月可领到1300~1600元的养老金。群众生活富足,无后顾之忧,社区连续23年无违法生育案例。

据社区党支部书记薛洪启介绍,社区"两委"一直很重视倡导文明新风尚,积极推进移风易俗,致力于引导群众少生快富。特别是今年以来,这个社区在广泛征求群众意见的基础上,重新修订了《计划生育居民自治公约》,特别对倡导男女平等做出新的规定:提倡姓氏改革,子女可以随父姓,也可以随母姓;支持、鼓励妇女参与社区事务;鼓励男到女家落户,享有与当地居民同等的权利……

为及时将计生政策法规、避孕节育、优生优育、生殖健康等知识传送到家家户户,今年社区创办了《社区通讯》,开辟了计生专刊,刻录了11套光盘,发放到育龄群众家中。同时,他们充分利用人口学校、图书室,对育龄群众分类施教,并组织开展群众喜闻乐见的文艺活动,使群众在自娱自乐中接受新型婚育观念的教育。在群众文艺活动室,笔者见到了正在排练节目的社区文艺骨干薛淑芬,她和十几位老伙伴报考了老年大学,经常以婚育新风为题材自编自演文艺节目。她自豪地说:"别小看这些文艺节目,俺家老人以前一直为没有孙子想不开,现在就是看了这些文艺节目才想通了,说'时代不同了,生男生女都一样'。"

近年来,社区不断完善计划生育利益导向机制,对主动退掉二胎生育指标的家庭,在区、街两级奖励3000元的基础上,社区再奖励100元;对社区老年居民,每人每年给予不少于360元的生活补助,其中,对独生子女父母加发10%;对在部队立功受奖的现役军人,根据受奖等次分别给予2000元、1000元的奖励,其中,对独生子女的奖励增加10%;对随女方落户的上门女婿,社区优先予以落户,不收取任何费用,并赋予其社区一切福利待遇。在招婿入赘的社区居民薛秀萍家,薛秀萍自豪地向笔者展示着她家分到的100多平方米的大房子。据了解,像薛秀萍这样招婿入赘的家庭,薛家岛四社区共有 11 户,社区都优先为其安排了宅基地,现在家家户户都有一套 100 平方米左右的套房。此外,社区"两委"还为 19 户计生家庭联系了资料印刷等项目,帮助其跑贷款、批场地、安置工作等,使这些家庭率先走上了少生快富之路。

　　如今,在薛家岛四社区,男女平等、女儿也是传后人、少生优生等新型婚育观念已深入人心,涌现出一大批少生快富典型,其中,有 7 户计生家庭收入过千万元。

(《人口导报》2010 年 10 月 11 日 2 版)

胶南完善计生利益导向机制

为引导育龄群众少生快富，今年，胶南市黄山镇经济区徐村芋头合作社贷款50万元，扶持全村150户独生子女家庭种植芋头。按照正常的贷款利率，每户每年应还利息196.7元。胶南市对全民创业和城镇弱势群体创业进行贴息补贴后，又从贴息资金预算总额中拿出3%，专项用于独生子女家庭再贴息。这样下来，每户每年仅需要还利息30.4元。

记者日前了解到，今年以来，胶南进一步完善了计生利益导向政策，在住房、就业等方面，让独生子女家庭享受到了更多优惠。除了对家庭创业进行贴息外，胶南市还对符合购买经济适用房条件的本市独生子女家庭给予100元/平方米的优惠；对持有生育证或计划生育服务手册生育，且享受生育保险待遇的女职工或配偶无工作单位的参加生育保险的男职工，在原定报销标准的基础上，再增加10%的报销比例；在农村和城镇居民基本医疗保险中独生子女的住院医疗、大病门诊医疗、意外伤害门急诊医疗等基本医疗保险基金的支付比例比非独生子女高5%；开展农村社会养老保险的村庄，对独生子女父母的集体补助部分高于其他投保对象5%以上。

（《青岛日报》2010年10月16日1版，孙庆伟、陈素平、王先鹏）

国家三大人口培训基地落户青岛市

日前,市政府将丰县路8号建筑面积5105.65平方米的房地产无偿调拨给市人口和计划生育培训服务中心,建设国家优生工程青岛教育培训基地、国家生殖健康咨询师青岛培训基地、国家婴幼儿教育青岛培训基地。

据悉,市人口和计划生育委员会所属市人口和计划生育培训服务中心原在徐州路90号有一座培训楼,建筑面积4330.51平方米,于1987年由国家人口计生委投资建设,一直承担着全市人口计生干部队伍的教育培训等职能,2006年被市政府调配收回,用于安置市南区浮山医院。市人口和计划生育培训服务中心全体人员流向社会,处于待业状态,单位工作停滞,广大干部职工的思想、职业、生活处于不稳定状态。同时,全市组织的人口计生干部教育培训等工作一直租借场地,极为不便,影响了培训工作的正常开展。

2010年,新一届委党组高度重视教育培训工作,关心人口和计划生育培训服务中心干部职工的工作、生活问题。委党组把做好干部教育培训工作以及解决市人口和计划生育培训服务中心干部职工的工作、生活问题作为全委工作的大事,多次向市委、市政府和有关领导做汇报、提建议,积极争取和多方协调,赢得了市委、市政府及相关部门的理解和支持。市政府将国家孕前优生健康检查培训基地项目建设纳入我市人口发展"十二五"规划重点项目。今年8月,市政府将丰县路8号房地产无偿调拨给市人口和计划生育培训服务中心。目前,市人口和计划生育委员会按照国家优生工程青岛教育培训基地、国家生殖健康咨询师青岛培训基地、国家婴幼儿教育青岛培训基地"三个基地"的建设要求,正积极筹备装修改造。"三个基地"成立后,不但将更好地满足育龄群众孕前优生服务需求,提高出生人口素质和婴幼儿的健康状况,促进全市人口计生工作水平的提升,而且将加强与国内、国外交流,进一步改善人口计生工作的政府形象,使人口计生工作成为青岛政府工作科学发展的又一个闪亮标记。

（《青岛财经日报》2010年12月8日B1版）

创新管理模式，破解楼宇计生难题

一座座拔地而起的楼宇已成为经济社会发展的标志，楼宇单位的计划生育工作也成为城市管理的难题。对此，青岛市人口计生委提出"物业公司提供信息，街道实行属地化管理，楼宇单位为主负责，计生协会横向联系，宣传公示营造氛围"的楼宇计生管理模式，并选择在楼宇单位较多的市南区进行试点。

作为青岛市政治、经济、文化中心的市南区现有商务楼宇116座，"楼宇经济"已成为带动全区经济发展的生力军，也给计生管理服务工作带来新的问题和挑战。"计生工作抓好了，我们有更多精力抓经济。近年来，我们青岛饭店的经济效益逐年增长，2010年盈利512万元，比2009年增长9.87%，比2008年增长51%……"谈到单位的经济效益，青岛饭店的魏晓丽主任首先想到计生工作。

魏主任的一席话道出了计生工作与经济工作的辩证关系，也表明近年来计生管理服务工作的不断完善为楼宇单位的经济发展带来机遇。有着100多名女职工的青岛饭店曾经最棘手的就是计生工作，而且总是拖经济工作的后腿。如何做好这些楼宇单位的计生管理服务工作，为经济发展创造良好的人口环境，成为摆在各级人口计生部门面前的一个新课题。为此，2010年，青岛市人口计生委研究并出台了《关于进一步加强城市和流动人口计划生育工作的意见》，要求街（镇）计生办与楼宇内各单位签订协议书，指导其落实法定代表人计划生育责任制，积极协调物业公司配合，做好人口计生工作，配备专（兼）职计生工作人员，落实好日常管理服务。市南区人口计生局相继出台了《关于驻街单位计划生育分类分片管理指导意见》《关于公开招聘驻街单位计划生育联络员的通知》等文件，公开招聘从事过计生工作、有较强沟通能力的人员作为街道计生联络员，同时，按照"一个楼宇一个网格，一个网格一个片长"的模式在楼宇单位职工和物业公司工作人员中选聘片长，探索建立了"单位负责、联络员指导、片长配合、物业协助"的人口计生属地化管理新模式。

600多个楼宇上，分众传媒联播网的900多个电子屏幕每天滚动播放计划生育政策法规和人口信息，在楼宇集中区域的大型4D电子屏幕上开辟了"人口安全与社会发展大环境"宣传栏目等，随时提高楼宇人员的人口意识；针对楼宇企业员工多为白领阶层、服务需求高的特点，市南区计生部门还开通了网络办公和短信平台，以高科技手段为育龄职工提供政策宣传、咨询、管理服务等。在香港路街道办事处,计生办主任王宗甲熟练地打开电脑,展示了计生网站。网站设有政策法规、宣传教育、办事指南、管理与服务等窗口,为方便宣传企业,还设立了企业风采、会员互动、提问留言等栏目,同时设立公示栏目,对企业法人和职工违反计生政策的行为、不配合属地管理的情况进行公示;在青青岛社区论坛,笔者看到一篇题为"晒一条温馨的垃圾短信,赞一下计生办的细致工作"的帖子引起网友们的热议,帖子还以照片的形式附上短信内容:"为您的家庭幸福和下一代健康成长,孕前请掌握优生保健知识,服用叶酸……"短短几个月,点击量达 3134 人次,网友们纷纷回复了"细致工作,温馨服务,值得其他部门学习"等帖子。

　　"有计生联络员的服务,我们省事多了,可以集中精力抓生产……"山东机械进出口公司的工会主席张玉凤一个劲儿地夸奖计生联络员辛悦卿。辛悦卿是市南区香港路街道计生办特聘的楼宇单位计生专职联络员,专门负责对楼宇单位的计生工作进行日常指导与服务。每到一个单位,她首先摸清单位的用工人数及婚育状况,督促法定代表人与街道签订责任书,落实单位计划生育责任,帮助单位规范档案管理,并针对不同育龄人群的需求提供相关服务,有效杜绝了部分单位外来务工人员底数不清、人员漏管的现象,提高了职工的生殖健康水平。据介绍,在试点的香港中路街道黄金广场写字楼,联络员上岗仅半年时间,在片长新华锦集团计生干部和物业公司的协助下,组织 41 家单位与街道签订了责任书,与 106 家单位签订了协议书,指导 158 个单位规范了计生档案,落实了计生奖励优待政策,维护了楼宇单位员工的合法权益,有效促进了群众婚育观念的转变。

　　如今,岛城涌现出一大批像青岛饭店、山东机械进出口公司那样"两种生产"一起抓,经济蓬勃发展的楼宇单位。

　　　　　　　　　　　　　　　　　　(《青岛财经日报》2011 年 1 月 28 日 A3 版)

娘家人送"顶柱"

作为岛城美食,王哥庄大馒头几乎家喻户晓,但对"顶柱"这种花样馒头鲜有人知。春节前,笔者在崂山区王哥庄街道办事处港东社区目睹了计生办为产后妇女送"顶柱"、送知识、送温暖的情景。

"顶柱"原是崂山、即墨一带在妇女生育后6日娘家人送给女儿的圆柱形馒头,寓意为女儿护腰、撑腰,期盼女儿生育后身体健康,无论生男生女,不在婆家受歧视。如今,计生办也给产后妇女送"顶柱",不仅送去了妇幼保健等知识,也送去了温暖,更送去了党和政府对育龄妇女的关怀。在王哥庄街道办事处港东社区,计生办主任刘淑玲坐在育龄妇女的炕头上,像母亲叮嘱女儿一样教给产妇一些科学坐月子的方法及育儿知识:"营养要均衡,不要专吃大鱼、大肉等高蛋白、高脂肪食品……"并送上一箱"顶柱"花样馒头、一份妇幼保健宣传折页和标有"和谐人口、甜蜜之家"字样的对联和福贴。娘家远在聊城、刚生育一个女婴的育龄妇女姜云红拉着刘主任的手,感动地说:"计生办就是俺的娘家,有党和政府撑腰,俺的腰杆什么时候都是直的!"

据了解,王哥庄街道计生办以送"顶柱"为契机,将深入开展关爱新生儿家庭指导服务活动,以进一步提高出生人口素质。

(《人口导报》2011年2月14日4版)

汩汩暖流涌岛城

欢乐的舞蹈跳起来,喜庆的歌儿唱起来,计生家庭乐开怀……近日,初夏的岛城多了些许温暖和热闹——全市人口计生系统隆重举行纪念中国计生协会成立31周年和中国共产党成立90周年活动,深入学习、宣传、贯彻、落实中共中央总书记胡锦涛关于人口工作的重要讲话精神。

2011年5月29日,是中国计生协会成立31周年纪念日,全市各级人口计生部门以学习、宣传、贯彻中国计生协第七次全国会员代表大会暨先进表彰会精神为主题,运用多种形式,深入开展了学习交流、宣传倡导、关怀服务、困难救助等系列活动。纪念日这天,市人口计生委、市计生协和市北区人民政府在市儿童公园广场,以"爱心传递·有您参与"为主题,联合举办了人口关爱基金募捐暨计生困难家庭救助活动,作为纪念中国计生协会成立31周年系列公益活动的一个重要内容,掀起了纪念活动的高潮。市人大常委会副主任马泽、市政协副主席方漪出席,与市北区委书记惠新安、区人大常委会主任王建利等领导,以及市内四区人口计生局、计生协会有关领导,捐款企业代表及近千名居民群众一起,参加了募捐救助公益活动。募捐现场,青岛港(集团)有限公司等单位纷纷献爱心,共募集人口关爱基金26.8万余元。

开展纪念活动期间,各级人口计生部门切实做到与贯彻落实胡锦涛总书记讲话精神相结合,与开展生育关怀行动、婚育新风进万家活动及推进基层计划生育群众自治等工作相结合。5月29日下午,胶南市人口计生局、计生协在胶南市文化艺术中心举行了纪念中国共产党成立90周年暨"5.29"计生协会纪念日文艺演出活动。胶南市人口计生局以一首大合唱《没有共产党就没有新中国》拉开了活动序幕,一个半小时的节目既有歌唱,又有舞蹈、快板、小品等,不但丰富了群众的文化生活,而且激发了广大人口计生干部干事创业的工作热情,同时也宣传了人口计生国策。胶南市委常委、市人大、市政协等领导观看了演出,并就学习贯彻胡锦涛总书记讲话精神进行了座谈交流。胶州市积极开展"救助计生贫困家庭"活动和"青春健康教育"项目,于5月27日举行了启动仪式,现场向20名困难计生家庭代表发放了关爱救助金,进行了体现青春、健康的专场文艺演出。即墨市开展大型集中宣传服务活动,在集中宣传活动现场,融宣传、展出、义诊于一体,设置了以"生育传承希望,关怀相伴和谐"为主题的大型宣传拱门,展出印有预防艾滋病知识、生殖健康知识、协会成果等的展牌 20 块,发放宣传材料 10 种 3000 份,义务为群众量血压、诊察疾病等,收到了良好的宣传效果。市南、李沧、崂山等区(市)举办家庭亲子趣味运动会,提高计生家庭的幸福指数。黄岛、四方、城阳、平度等区(市)以"生育传承希望,关怀相伴和谐"为主题,组织开展了以"生育关怀进万家"等为主题的文艺汇演活动,面向育龄群众开展送健康、送服务、送关怀行动,积极宣传倡导新型生育文化。12 区(市)都相继组织开展了"人口关爱基金"募集工作,对计生困难家庭实施救助,使广大计生家庭切实感受到党和政府的温暖。

活动在延续,关爱无止境,美丽的岛城正涌动着汩汩爱的暖流。

(《青岛财经日报》2011 年 6 月 1 日 A21 版)

胶南：92.7％的村计生主任"挑大梁"

据调查，胶南市在今年的村级换届选举中，全市980个行政村，除去未换届以及因近亲属关系应回避等因素，有816个村的计生主任进入支委或村委，村计生主任进"两委"的比例达到92.7％，在农村社会事务及管理工作中真正挑起了"大梁"。

近年来，胶南市从改善年龄、文化、知识结构入手，进一步优化基层人口计生干部队伍，提升人口计生管理服务水平。强化选人机制，严把"准入关"，按照"公开、平等、竞争、择优"的原则和年轻化、知识化和女性化的要求，通过公开考选、竞聘等形式，使一大批优秀人才走上人口计生工作岗位。村级全部配备了35岁左右、学历较高的女性计生主任。目前，全市具有高中或中专以上文化程度的村计生主任占87.1％，大专以上文化程度的占6.1％，平均年龄38.6岁。严格管理考核机制，确保工作落实，结合实际，推行"市管、镇聘、村用"的管理方式，市级备案监管，乡镇聘用管理，村级落实职责，接受群众监督，确保各项人口计生目标任务的顺利实施。建立人口计生业务培训机制，提升计划生育优质服务能力，在全市基层计生人员中，大力开展大学习、大练兵、大比武活动，由市委组织部牵头，会同人事、计生、司法等部门，今年联合举办了6期计生干部培训班，集中培训镇、村计生干部1600多人次，进一步提高了基层计生干部队伍的政治素质、业务素质和工作能力。完善激励机制，调动基层计生干部的工作积极性，严格执行《胶南市村干部岗位待遇保障办法》的各项规定，确保村（居）计生主任岗位待遇不低于村（居）党组织书记的80％，并建立和完善工作考评、绩效报酬、奖惩等制度，充分调动基层计生干部的工作积极性，吸引更多优秀人才从事人口计生工作，保持了村级计生队伍的生机与活力。

在今年的村级换届选举中有2名村计生主任当选了本村的书记兼村主任，有11名村计生主任当选村书记，有22名村计生主任当选村主任，计生主任进村"两委"的比例明显提高。

（《人口导报》2011年6月20日3版）

打造党建品牌，推动工作升级

　　近年来，青岛市人口计生委坚持以"构建和谐人口、打造诚信计生"为目标，以争创"五好党支部""党员先锋示范岗"为切入点，积极创建"计生尖兵"党建品牌，努力探索青岛市人口计生工作发展模式，使各项工作实现了新的突破。2010 年度在《人口和计划生育目标管理责任书》执行情况考核中获得全省第二名，首次被评为省级精神文明机关；在 2010 年度全市政府部门目标绩效考核中首次获得优秀等次，受到表彰。

　　坚持以党建为核心，统领人口计生工作。2010 年评选确定 8 个"党员先锋示范岗"，开展"亮身份，践理念"和"六比一争"等主题实践活动。今年围绕纪念建党 90 周年，组织全委党员重读入党申请书、重温入党誓词，开展向杨善洲、沈浩等先进模范人物学习，争做优秀党员活动，举办了党建知识竞赛、文艺会演等活动，并在"七一"前夕组织开展了民主评议党员活动，评选并表彰一批优秀共产党员、先进党支部和优秀党务工作者，命名一批"计生尖兵""践诺之星"，进一步激发了党员干部的责任意识和工作主动性。

　　切实转变作风，坚持重心下移。在去年圆满完成省下达的人口指标，各项责任指标创"十一五"最好成绩的基础上，今年先后组织开展百家企业调研、市内四区全部 44 个街道督导调研活动，组织干部职工先后到全市 112 个重点镇（街）进行实践锻炼调研活动，与基层共同研究并解决工作中的难题；严格依法行政，加大对违法生育的查处力度，加强流动人口计划生育管理服务，对 26.97 万名流动已婚育龄妇女进行清查登记，把全市 99.3% 的流入已婚育龄妇女纳入管理，实现了流入人口与户籍人口均等化服务、同等化待遇；完善目标责任考核机制，今年 4 月 22 日至 29 日，全市共组织了 5 次调查暗访，对 6 个镇（街）提出了实施责任追究的意见，其中，对 2 个镇给予通报批评、3 个镇（街）给予"黄牌警告"、1 个镇给予"红牌警示"，促进了全市人口计生工作的平衡发展和低生育水平的持续稳定；全市人口计生系统开展"三下乡送温暖"等 9 项专题宣传活动，参与群众达到 288 万人次，向全市人大代表、政协委员等各界人士寄发征询信、慰问信 10 万余件，免费向群众发放宣传品 460 余万份，今年上半年在《青岛财经日报》创办《人口和计划生育专刊》24 期，12 区（市）党政"一把手"全部发表了署名文章，营造了良好的社会舆论环境。

　　着力落实计生惠民政策，为计生家庭谋福祉。建立和完善国家优生工程、生殖健康咨询师、婴幼儿教育三大培训基地和人口计生医院等高端服务载体,带动全市优质服务提质、提速,在全国率先实施农村育龄妇女孕期免费增补叶酸项目,目标人群叶酸服用率、叶酸知识知晓率分别为 95.31%、90%。3 月 23 日至 25 日,先后邀请了市纪委有关领导、行风监督员和市人大代表等,召开座谈会,听取意见,共同研究解决当前人口计生工作面临的困难和问题,加大对涉及民生问题的考核力度,引导区(市)切实解决群众关心的民生问题。今年,全市各项计划生育奖励优惠救助政策投入资金 5.85 亿元,受益群众 469.5 万人次;对《行风在线》中群众反映的问题,在第一时间全部解决,在 56 个政府部门"网络在线问政"活动中,对群众反映的问题全部办结,群众满意率达 100%。

(《青岛财经日报》2011 年 6 月 29 日 A21 版)

打造"和谐人口、诚信计生"理念

近年来,青岛市人口计生委坚持以打造"和谐人口、诚信计生"理念为目标,以争创"五好党支部""党员先锋示范岗"为切入点,努力创建"计生尖兵"党建品牌,积极探索青岛市人口计生工作发展模式,在履行人口发展战略研究职能、稳定低生育水平、优质服务提质提速、改善民生、完善人口计生目标责任考核机制等方面实现新突破。

抓住关键,规范管理,围绕提升队伍素质创先争优

坚持把加强内部管理和队伍建设作为创先争优的关键,打造"计生尖兵"党建品牌,促进人口计生管理服务水平不断提高。

第一,建设学习型党组织,提高队伍整体素质和能力。

加强党建品牌建设,坚持以党建带队伍。把争创"岛城先锋"党建品牌理念融入党支部建设和党员队伍管理中,制定了《关于开展党建品牌创建活动的意见》《关于开展争先创优做"人民满意的公务员"主题活动方案》,明确提出创建"计生尖兵"党建品牌,开展争当党员先锋示范岗,争做人民满意公务员活动的具体要求和实施步骤,紧扣"稳定低生育水平、统筹解决人口问题"这个主题,连续在全委开展了"讲党性、重品行、做表率"活动。专门为每位党员或群众制作了工作理念桌牌,亮出党员身份和自己的工作理念,倡导党员立足岗位,恪尽职守,无私奉献。"七一"期间,评选表彰了8个"党员先锋示范岗",有效发挥了典型示范引领作用。

开展"六比一争"主题实践活动,营造比党性、比学习、比能力、比干劲、比创新、比业绩、争当先进的良好氛围。全委党员干部每季度至少学习一篇政治理论文章或精心研读一本业务或社科类图书,并写出一篇学习心得或书评。机关党委为各处室提供了43本包括《中国特色社会主义理论体系学习读本》《人口发展与区域规划》在内的理论、管理及人生指导等方面的图书,切实将读书活动落到实处。

开展系列活动,激发创先争优意识。开展了"一个党组织一个堡垒、一名党员一面旗帜"的讨论;开展向雷锋、方永刚、沈浩等先进模范人物学习活动,开展党员奉献日和公务员奉献日等一系列活动;组织委机关和事业单位党员干部参观了中共青岛地方支部旧址;召开了庆祝中国共产党成立89周年大会,会上,全体党员高唱国际歌,重温了入党誓词,进一步激发了大家为党奉献,创先争优的意识。

第二，规范管理，为创先争优奠定良好基础。

建立、完善了8项决策议事制度和81项内部管理制度，坚持用制度规范全委工作，形成了运转高效的工作机制。建立财务管理"五级审批、五级报批"制度，所有支出实行"五级预审"和"五级审报"。

认真开展廉政教育。多次召开主任专题会议，学习贯彻《中国共产党党员干部廉洁从政若干准则》，把领导干部的廉洁从政作为重大政治任务抓紧、抓好。

整合国有资产，实行规范管理。成立全委会计集中核算中心，对委机关、各事业单位的国有资产进行清理、整合，实行统一存档管理。按照市纪委统一部署，2010年5月底之前，收回了徐州路90号对外租赁的房产。实行公私分离，加强规范化管理。

转变思路，创新方法，围绕稳定低生育水平、统筹解决人口问题创先争优

坚持把稳定低生育水平、统筹解决人口问题作为创先争优的根本出发点和落脚点，引导全委党员干部切实增强责任意识和创新意识，着力创新工作机制，努力构建"和谐人口"、打造"诚信计生"。

首先，完善人口目标责任考核机制，实施"阳光考核"。

一是创新指标设置。对市内四区和崂山、黄岛、城阳三区及五市实行分类考核，由原来"一把尺子量到底"，变成"三把尺子分别量"，体现相对公平合理。二是创新考核方式。取消年终一次性考核，建立周、月、季度和半年实时考核通报制度，把平时考核结果在第一时间向区（市）人口和计划生育局通报公示，每月向区（市）党委、政府主要领导、分管领导通报重要工作指标，引导基层将功夫用在平时，将考核工作置于各级监督之下。三是建立考核预警机制，完善责任追究制度。对工作达不到要求或可能不能完成责任指标的单位随时通报，实时预警，帮助基层解决问题，不搞年终"一锤定音"；对预警后工作不落实、不整改的单位，视情实行"黄牌警告""红牌警示"和"一票否决"。

其次，改进宣传教育形式，充分发挥党的政治优势的先导作用。

一是落实计划生育公示制度，强化舆论宣传。与市广播电视台、青岛日报报业集团联合出台了《关于建立计划生育有关问题公示制度的意见》，要求全市对违法生育的党政领导、人大代表及文体工商界等社会公众人物和拒不缴纳社会抚养费的人员进行新闻媒体公示和政务公开栏公示，旨在通过舆论宣传，加强社会监督，有效减少违法生育的发生。二是办好《人口和计划生育专刊》，抓面向各类人群的

有特色、有品牌、有影响力的宣传。今年在《青岛财经日报》设立了《人口和计划生育专刊》，集中财力、减少成本，变各自为战、小而杂的宣传为大联合、大宣传，从5月27日起每周办一期专刊，开展政策法规、人口形势、优质服务、目标考核、利益导向等全面工作的宣传。三是办好人口和计划生育网站，抓信息化、网络化的宣传。今年对网站的美工、功能、内容进一步改版，建成达到全国一流水准的网站。网站确保每天有新内容，12区(市)平均每天1条信息，178个镇(街)每月1条动态信息，侧重开展基层生育文化建设、优质服务、答疑解惑等有价值的、有普遍指导意义的宣传，真正面对群众需要来开展宣传教育。四是办好社会宣传活动，抓有针对性的宣传。围绕纪念《关于控制我国人口增长问题致全体共产党员、共青团员的公开信》发表30周年，开展文化宣传系列活动、集中宣传系列活动、评选表彰系列活动等，在全市营造浓厚的社会宣传氛围；联合市委宣传部等8个部门共同开展倡导婚育文明、推进移风易俗活动，重点结合村规民约条款的修订工作，宣传男女平等、移风易俗和利益导向，推进计划生育村(居)民自治。

再次，抓关键环节，夯实基层基础。

一是开展部门流动人口信息比对工作。联合公安、建设、工商、卫生等9个部门制定并出台了《关于进一步加强流动人口综合治理的意见》，建立了定期协商、对违法生育调查协作和信息共享等制度。协调公安、卫生等相关部门对各类流动人口信息进行逐一核对，补充、完善全员流动人口和已婚育龄妇女信息，对发现的违法生育线索及时查处。二是做好特殊人员信息排查。制定出工作进度表，对人户分离、长期在外和空挂户等特殊人员在短期内完成排查工作，查找出人员下落，全面掌握他们的婚孕育情况，减少人员漏管、漏报和错报现象。三是做好违法生育举报案件的查处工作。区(市)、镇(街)分别开展了违法生育有奖举报活动，建立了全社会共同参与的工作机制和违法生育举报案件包案、限期结案等工作制度，发现一例，查处一例。

破解难题，促进转变，围绕工作水平提升创新争优

把破解当前人口计生工作的难点、热点问题作为创先争优的创新点，推动全市人口计生工作水平的提升。

首先，创新举措发挥市级引领示范作用，以市级工作水平提升带动整体工作水平提升。

一是建立人口发展研究长效机制。在已组建市人口与发展研究中心，围绕11个课题开展研究的基础上，今后将借助国家、省有关专家力量，提高研究水平，着重

在解决生育观念陈旧、生育权利不公平、生育权利寻租化、不遵守生育政策等问题上走出"青岛模式"。二是建设好市人口计生医院。加大设备配备和更新力度，打造市级优质服务载体，发挥市级服务机构服务、培训、技术的引领作用，推进优质服务提质提速。三是完善利益导向政策体系。积极协调相关部门，把人口计生工作融入民生工作格局，抓好奖励、扶助、救助、免费服务和企业退休职工中独生子女父母一次性养老补助等各项法定政策的落实，整合政策资源，特别是在养老、医疗、就业培训、扶贫开发等方面，充分体现对计生家庭的优先优惠，实现民生普惠与计生优惠相衔接。四是加快人口信息化建设步伐。积极争取由市电子政务办公室牵头，建立全市统一的人口信息共享系统，汇集、分析、应用相关部门人口信息，避免重复投资、节约成本，更好地为市委、市政府科学决策提供服务。

其次，突破难点，打造亮点，推动工作水平的提升。

一是建立计生公益性岗位和协管员聘任机制。协调人力资源和社会保障等部门出台设立计生公益性岗位及聘用协管员的指导性文件，城区每个社区居委会设立1个计生公益性岗位，每400~500户居民设立1个计生协管员岗位，专职负责人口计生工作，解决镇(街)、村(居)计生工作人员数量偏少、年龄偏大的问题。二是建立社会抚养费市级统筹机制。规范社会抚养费征收、管理和使用，其主要用于市、区(市)、镇(街)三级人口计生事业。重点研究将社会抚养费用于解决设立公益性岗位、招聘协管员经费的问题，服务机构基本建设及设备、仪器购置经费不足的问题，基层计生干部特别是村级计生主任培训教育经费不足的问题，基层没钱办事、工作难落实的问题。三是建立药具物流配送机制。改进药具发放形式，全市建立统一的物流配送机制，研究利用市场化物流机制将避孕药具直接发放到每一个育龄群众家庭，减少中间环节，提高育龄群众避孕节育措施的落实率。同时，制定严格的药具发放工作流程，杜绝药具发放中的违法违纪问题。

（《人口与计划生育》2011年第6期）

同等待遇，均等服务

住在四方区兴隆路街道兴电社区的外来人口闫艳艳一家因丈夫的身体情况经济十分困难，年前闫艳艳顺利产下了一名男婴，孩子的出生带来的本是幸福与喜悦，却使原本就贫困的家庭更加捉襟见肘。得知这一情况后，四方区人口计生局为其送来了生育救助金和生活必需品，解了他们的燃眉之急。

据了解，近年来，四方区年均投入 30 万元，不断完善流动人口计生利益导向机制，在 2006 年区政府出台《关于特困计划生育家庭生育救助制度实施意见》的基础上，今年区政府又出台了《关于完善服务管理体制推进流动人口计划生育基本公共服务均等化工作的意见》，进一步完善流动人口计生服务管理体制，使流动人口享有与户籍人口同等的社会保障、子女教育、技能培训、医疗、公共福利等各项基本公共服务。其中，包括建立和完善困难家庭生育救助、困难计生家庭学龄前儿童入托补助等制度，对合法生育、家庭困难的流动人口分娩，给予一定数额的补助。凡是在四方区居住一年以上，其生育行为合法，且家庭人均月收入不足 300 元的外来人口计划生育家庭，在其生育子女时均可享受 600 元的一次性现金救助。同时，将流动人口纳入 0 到 3 岁早期教育范围，依托社区、幼儿园开办早教学堂，使流动人口与户籍人口享受同等待遇。闫艳艳等符合救助条件的外来人口，与户籍人口一样享受到四方区特困计划生育家庭的生育救助。目前，四方区已发放特困计划生育家庭生育救助金 4.6 万元，共有 77 户家庭受益。

此外，四方区还着力推进流动人口在计划生育宣传教育服务、免费技术服务、生育登记和优生服务、便民维权等方面均等化。在流动人口中免费开展宣传普及人口计生政策、法律法规、家庭保健、避孕节育等服务，确保流动人口计划生育政策知晓率超过 90％，引导流动人口树立科学、文明、进步的婚育观念。全面落实国家规定的免费基本技术服务项目，免费开展生殖健康专项检查，流动人口在服务机构接受免费服务率超过 95％。流动人口生育一孩享受免费登记服务和生殖健康服务，如免费享受孕前优生健康检查、出生缺陷干预服务以及增补叶酸服务。整合资源，开展便民服务，为流动人口提供以行政事务受理为主的"一站式"服务。严格依法行政，坚持政务公开，区、街、居设立并向社会公布监督电话，保障流动人口的各项合法权益，加快流动人口的市民化进程。

（《大众日报》2011 年 7 月 20 日 16 版，陈素平、战华）

青岛着力保障育龄群众知情参与监督权

近年来,青岛市人口计生系统努力践行"和谐人口、诚信计生"的工作理念,坚持以群众满意为工作的出发点,大力开展行业作风建设,切实保障了群众对人口计生工作的知情权、参与权、表达权和监督权,行业作风明显好转,群众满意率逐年提高。各项工作实现了新的突破,多项经验做法在全国被推广,即墨等区(市)人口计生局被国家人口计生委授予"基层阳光计生行动示范单位"称号。

实行政务公开,让群众享有充分的知情权。一是制定了《关于进一步推进人口和计划生育政务公开的实施意见》《关于印发〈人口计生委政府信息公开办法(试行)〉的通知》等规范性文件,规范公开内容,把有关人口计生政策法规,涉及群众切身利益的重要内容(诸如生育审批、奖励扶助、办事程序、投诉途径)全部予以公开。二是不断创新公开形式。在《青岛财经日报》、市人口计生政务网站开辟"政务公开"专栏;开通了市级政策咨询语音电话85912580;定期召开新闻发布会,及时向社会大众发布最新人口计生工作信息;印制并发放《人口和计划生育政策解读手册》,最大限度地扩大政务公开面。三是市人口计生委拨专款,为各村(居)设置了计划生育政务公开栏,将本村(居)人口计生工作情况(诸如婚育情况、奖励扶助、社会扶养费征收、免费技术服务)及时公开,使群众享有充分的知情权。

畅通诉求渠道,保障群众的参与权和表达权。一是采取群众举报、日常调研、发放问卷、在网站开设咨询窗口、公开咨询服务电话、人口计生委主要领导参与"三民活动""行风在线""民生在线""网络在线问政"等多种形式,广泛接受群众的咨询、投诉和监督,保障群众的参与权和表达权。二是建立领导班子成员定期接访制度,推行限时办结制和行政问责制,提高信访工作的质量和效率。近年来,主要领导多次亲自接访,积极协调解决涉及群众切实利益的个别企业政策落实不到位等问题,切实维护了群众的合法权益。

构建全方位的监督制约机制,让群众享有充分的监督权。一是内部监督与外部监督相结合。全市共聘请育龄群众代表、人大代表等社会知名人士担任的行风监督员2056名,真诚接受广大人民群众和社会各界对人口计生工作的监督、评议。二是事前监督、事中监督、事后监督相结合。通过畅通群众诉求渠道,广泛征求群众和基层的意见,把监督关口前移,实行上下联动,做好自查自纠工作。三是重点事项督查与日常监控相结合。对不落实奖励政策等问题实施重点督查,同时及时纠正和处理日常群众反映的人口计生部门不作为、工作作风粗暴等违法违纪行为,引导基层抓好日常的政风行风建设。四是完善实名举报奖励制度。制定并下发《市人口计生委关于实名有奖举报人口计生工作人员违法违纪现象的通知》,在全市范围内张贴《关于实名有奖举报人口计生工作人员违法违纪现象的公开信》,充分调动了群众参与、监督人口计生工作的积极性,有力保障了群众的合法权益。

（《人口导报》2011 年 8 月 15 日 1 版,陈素平、于波）

创新思路，主动融入

　　走进青岛市北城区，人口文化主题公园、人口文化广场等令人耳目一新，"和谐人口""婚育新风"楼院、幸福家庭计划指导中心、综合管理服务示范点等一道道靓丽的国策风景线，既装扮了城区，给人以美的享受和文化熏陶，又使人们在潜移默化中转变了婚育观念……今年以来，青岛市北区在加强人口计生工作宣传倡导的同时，积极创新工作思路，主动融入社会管理服务全局，全面提升人口计生工作水平。

　　完善人口计生宣传教育机制，将人口文化建设融入全区文化建设。区人口计生领导小组专门下发了《关于深化婚育新风进万家活动打造人口文化阵地的通知》，以生育文明和幸福家庭建设为主题，广泛开展婚育新风进家庭宣传教育活动，将人口文化、生育文化融入特色街文化、社区文化、校园文化、厂企文化和机关文化建设中，充分利用现代媒体，扩大宣传教育覆盖面，构建特色化、网络化、社会化宣传格局，营造有利于人口计生工作的良好氛围。

　　完善人口计生利益导向机制，将计生与民生、普惠政策与计生优先优惠相衔接。民政、教育、卫生等 44 个部门做出 51 项工作承诺，全面落实法定计划生育家庭的奖励、优惠、服务、救助和免费等各项政策，继续完善落实对贫困家庭的生育救助、对未成年病残独生子女的救助、对计划生育特殊家庭进行社会救助和养老保障等制度，切实维护好计划生育家庭的合法权益。今年，该区又将户籍无业失业育龄妇女和流动人口育龄妇女的生殖健康检查费及孕环情监测费标准由过去的 10 元/人次和 5/人次，分别提高到 30 元/人次和 10 元/人次，仅此一项，每年需要增加财政投入 50 万元。

　　完善人口计生综合管理服务机制，以点带面，推动工作创新，实现多方共赢。立足于解决城区人口计生管理体制不健全、部门协作不紧密、单一强调管理的效果不理想的难题，打造了宁夏路街道综合管理服务示范点，探索建立了将人口计生工作作为行政服务第一窗口，综合管理与全面服务并重，以提供生命全程服务和家庭幸福指导服务，拓宽管理服务渠道的人口计生工作模式；立足于解决行政手段对中小企业约束不力、属地化管理落实不到位的问题，打造了登州路啤酒街商会示范点，探索建立了特色街管委会、啤酒街商会和街道办事处三者之间良性互动的中小企业属地化管理服务模式，通过重新修订商会公约，街道办事处与业户签订包含文明经商、诚信守法、安全生产、依法纳税和人口计生等多项内容的综合协议书,开展联合宣传、联合巡检、联合监督、联合服务等方式,增加了管理服务手段,实现了多方共赢;立足于解决封闭物业小区信息采集和入户服务难等问题,打造了浮山后社区示范点,探索建立了基层党组织、实业公司、物业服务企业和居委会"四位一体"的社区工作模式,形成了示范点建设与破解难题工作的相互引导和相互促进的良好局面,基本实现了"突破一个、带动一片、探索经验、全面提升"的预期效果。

(《大众日报》2011年8月17日14版,陈素平、张常洁)

四方区破解中小企业计生管理服务难题

近日,在青岛市四方区水清沟街道办事处社区事务受理中心,前来办理企业营业执照等事宜的业主都要填写由工商所出具的企业基本情况信息卡,并获赠一份装有人口计生宣传资料的大礼包,这是四方区人口计生局为破解中小企业计生管理服务难题而采取的新举措。

随着市场经济的发展,城市民营、私营、个体等多种形式的企业日益增多,特别是中小企业注册数量多,信息变更频繁,给人口计生管理服务工作带来一定困难。为此,青岛市四方区人口计生局积极争取工商等相关部门的支持,专门印制了设有企业名称、地址、职工总人数、已婚育龄妇女人数、流动育龄妇女人数等项目的企业基本情况信息卡。各街道工商所为企业办理营业执照或年检时,主动出示企业基本情况信息卡,获取企业相关信息,并将人口计生宣传资料发放到经办人手中,提示有育龄女职工的个私企业及时与街道计生办联系,做好企业的基本情况登记,按要求履行计生工作责任,自觉配合人口计生部门做好计生管理服务工作。各街道计生办定期到工商所获取企业信息,按企业育龄妇女数量进行汇总,实行统一管理。对育龄妇女 10 人以上的企业,由街道与其签订人口和计划生育协议书,落实专兼职人口计生工作人员;对育龄妇女 9 人以下的企业,由企业注册地所在社区与之签订人口和计划生育协议书,落实计生管理服务责任。

为及时掌握企业信息,提高人口计生管理服务水平,四方区还按企业性质、职工规模、片区等对各类企业予以分类,将相关信息录入"计生电子地图"。工作人员按企业名称、道路等标识点击鼠标,即可非常直观地了解到道路周边的单位具体信息及分布情况,摸清不同区域内单位的数量、分类、分布及个案情况。目前,四方区已登记中小企业 3211 个,这些企业已全部与街道或社区签订了人口和计划生育协议书,被纳入属地管理。

（《中国人口报》2011 年 8 月 22 日 1 版,陈素平、宋秋菊、战华、李树成）

青岛:多措并举打造"阳光计生"

近年来,青岛市人口计生系统坚持以群众满意为工作的出发点,大力开展行业作风建设,切实保障了群众的知情权、参与权、表达权和监督权,行业作风明显好转,群众满意率逐年提高。各项工作实现了新的突破,多项经验做法在全国推广,即墨等区(市)人口计生局被国家人口计生委授予"基层阳光计生行动示范单位"称号。

实行政务公开,让群众享有充分的知情权

一是制定了《关于进一步推进人口和计划生育政务公开的实施意见》《关于印发〈人口计生委政府信息公开办法(试行)〉的通知》等规范性文件,规范公开内容,把有关人口计生政策法规,涉及群众切身利益的重要内容(诸如生育审批、奖励扶助、办事程序、投诉途径)全部予以公开。二是不断创新公开形式。在《青岛财经日报》、市人口计生政务网站开辟"政务公开"专栏;开通了市级政策咨询语音电话85912580;定期召开新闻发布会,及时向社会大众发布最新人口计生工作信息;印制并发放《人口和计划生育政策解读手册》,最大限度地扩大政务公开面。三是市人口计生委拨专款,为各村(居)设置了计划生育政务公开栏,将本村(居)人口计生工作情况(诸如婚育情况、奖励扶助、社会扶养费征收、免费技术服务)及时公开,使群众享有充分的知情权。

畅通诉求渠道,保障群众的参与权和表达权

一是采取群众举报、日常调研、发放问卷、在网站开设咨询窗口、公开咨询服务电话、人口计生委主要领导参与"三民活动""行风在线""民生在线""网络在线问政"等多种形式,广泛接受群众的咨询、投诉和监督,保障群众的参与权和表达权。二是建立领导班子成员定期接访制度,推行限时办结制和行政问责制,提高信访工作的质量和效率。近年来,主要领导亲自接访,积极协调解决了部分企业退休独生子女父母一次性养老补助没落实等难题,切实维护了群众的合法权益。

构建全方位的监督制约机制,让群众享有充分的监督权

一是内部监督与外部监督相结合。全市共聘请育龄群众代表和社会知名人士

担任的行风监督员 2056 名,真诚接受广大人民群众和社会各界对人口计生工作的监督、评议。今年 3 月 23 日至 25 日,先后邀请了市纪委有关领导、行风监督员和市人大代表等召开座谈会,评议、监督人口计生工作,共同研究解决当前人口计生工作面临的困难和问题。二是事前监督、事中监督、事后监督相结合。通过畅通群众诉求渠道,广泛征求群众和基层的意见,把监督关口前移,实行上下联动,做好自查自纠工作。三是重点事项督查与日常监控相结合。对不落实奖励政策等问题实施重点督查,同时及时纠正和处理日常群众反映的人口计生部门不作为、工作作风粗暴等违法违纪行为,引导基层抓好日常的政风行风建设。四是完善实名举报奖励制度。制定并下发《市人口计生委关于实名有奖举报人口计生工作人员违法违纪现象的通知》,在全市范围内张贴《关于实名有奖举报人口计生工作人员违法违纪现象的公开信》,充分调动了群众参与、监督人口计生工作的积极性,有力保障了群众的合法权益。

　　　　　　　　　　　　　　　　　　(《中国人口报》2011 年 9 月 13 日 2 版,陈素平、于波)

以先进文化引领人口计生事业持续健康发展

10月18日19点,市人口计生委全体干部职工集中收听收看了十七届六中全会新闻报道,并进行了学习讨论,迅速推出贯彻落实措施。

大家一致认为,当今世界正处在大发展、大变革、大调整时期,我国进入了全面建设小康社会的关键时期和深化改革开放、加快转变经济发展方式的攻坚时期,文化越来越成为民族凝聚力和创造力的重要源泉,越来越成为综合国力竞争的重要因素,越来越成为经济社会发展的重要支撑。人口文化是中国特色社会主义文化的重要组成部分,对于深化改革开放、加快转变经济发展方式起着重要的促进作用。

近年来,市人口计生委党组准确把握当今时代文化发展的新趋势,准确把握育龄群众对精神文化生活的新期待,将人口文化建设融入全市党建、精神文明建设和新农村建设之中。成立了人口文化服务中心,围绕和谐家庭促进计划,打造人口计生专刊、人口网、公众电子屏幕、公告宣传牌、政务公开栏、宣传精品、公开信、宣传折页、便民服务手册"九个一"工程,构建起市、区(市)、镇(街)、村(居)"四位一体"的社会化大宣传格局,形成具有国际理念和青岛特色的人口文化系列品牌。组织创作了群众喜闻乐见的文艺节目、图书、音像等人口文化宣传品;指导12区(市)全部建立了"生育文化喷绘宣传"一条街,部分区(市)建立了生育文化雕塑园(区、广场),全市80%的村(居)建立了宣传教育一条街、人口文化长廊等,全市形成了"一镇一品""一街一景""一村五画"等具有浓郁人口文化特色的建筑景观,宣传品入户率超过95%;各级将人口文化宣传活动融入农村文化、社区文化建设中,利用群众艺术节和民俗节庆等时机,开展文化、文艺、培训、咨询、讲演、知识竞赛等形式多样的活动;联合科技、教育、卫生等相关部门共同组织开展"三下乡"等丰富多彩的人口文化活动,推动人口文化建设走上了"大合唱、大联合"之路,全市人口文化建设呈现出大发展、大繁荣的可喜局面。

在及时组织本委干部职工收听收看十七届六中全会新闻报道的同时,市人口计生委专门下发了通知,要求各处(室)、事业单位、各级人口计生部门认真学习贯彻十七届六中全会精神,结合实际制定出贯彻落实措施,推动全市各级持之以恒地以先进的人口文化引领人口计生事业持续健康发展。

(《青岛财经日报》2011年10月21日A1版)

打造人口文化品牌，实施文化惠民

日前，青岛市人口计生委在组织全市人口计生系统深入学习贯彻十七届六中全会精神的同时，打造系列人口文化品牌，实施文化惠民工程。

组织全委干部职工认真学习十七届六中全会精神，树立高尚的理想信念和正确的世界观、人生观、价值观，用实际行动践行社会主义核心价值体系；结合实际座谈讨论"如何以高度的文化自觉和文化自信打造青岛人口文化"，大力培养并推出以市人口计生宣教中心胡伟业同志为代表的创新型文化人才。

广泛开展公益性人口文化活动。联合相关部门出台文件，将人口文化融入市、区(市)、镇(街)、村(居)四级公共文化服务网络建设，在区(市)大型中心文化广场、镇(街)综合文化服务站、村(居)文化活动室和文体广场等重点公共文化设施中，体现新型人口文化的内容，形成覆盖全市、布局合理、服务便捷的"15分钟文化圈"，提高人口文化惠民水平；联合科技、教育、卫生等部门开展"三下乡"等丰富多彩的人口文化活动，推动人口文化建设走上"大合唱、大联合"之路；充分发挥人口文化促进会和人口文化服务中心的作用，推进人口计生专刊、人口网、公众电子屏幕、公告宣传牌、政务公开栏、宣传精品、公开信、宣传折页、宣传一条街"九个一"工程，推出婚恋文化、孕婴文化、生育文化、家庭文化、性文化、老年文化等人口文化系列品牌，构建起市、区(市)、镇(街)、村(居)四位一体的社会化大宣传格局；积极探索人口文化产业规模化、集约化和专业化模式，研发一系列满足群众精神文化需求，提升广大群众精神境界的网络文化、创意动漫、休闲娱乐、文化旅游、广告会展等附加值高的人口文化产品，建立起满足不同层次人员需要的人口文化产业链。

目前，全市80％的村(居)建立了宣传教育一条街、人口文化长廊等，全市形成了"一镇一品""一街一景""一村五画"等具有浓郁人口文化特色的建筑景观，宣传品入户率超过95％，使广大育龄群众尽享文化盛宴。

(《青岛财经日报》2011年11月24日A1版)

青岛市"物流直通车"发放药具

近日,家住青岛市北区辽源路的育龄青年小王意外地收到邮递员送到家门的"计生礼包",打开一看,不仅有自己因碍于面子不好意思去领取的避孕药具,还有避孕节育知情选择宣传指导、服务电话等资料,欣喜之余,小王不禁感叹:"计生干部想得真周到!服务太人性化了!"

据了解,随着市场经济的发展,流动人口不断增加,传统的计生服务模式已难以满足广大育龄群众的需求。为此,青岛市人口计生委从改进避孕药具发放形式入手,不断提高计生优质服务水平。全市建立了统一的避孕药具物流配送机制,按照"畅通渠道、保障供应、方便群众、服务群众"的原则,以群众的需求为导向,以基层计生队伍网络为依托,借助药具信息化管理平台,采取"物流直通车"发放的形式,将计生药具及时、快捷地发放到育龄群众家中,确保避孕药具发放全覆盖。小王是第一批享受到计生药具"物流直通车"服务的育龄青年之一。

为准确掌握育龄群众的避孕信息,青岛市人口计生委牵头搭建了全市计生药具信息化管理平台,各区(市)依托社区、机关、社会团体和企事业单位对本辖区育龄群众使用避孕工具的信息进行全面核查分析,将流动人口、失业、无业、贫困和残疾人群确定为"物流直通车"发放计生药具的重点人群;全市建立专业化计生药具免费发放队伍,区(市)级确定至少一名可同时操作计生药具管理系统的电话接听人员,辖区内以镇(街)为单位确定计生药具"物流直通车"发放点,每个发放点至少配备一名专职发放人员。根据育龄群众的不同需求,提供点对点、个性化的定单式服务,使育龄群众真正享受到计生药具及生殖健康相关知识的"零距离服务"。

目前,市内四区已全部实现计生药具"物流直通车"发放。明年,青岛市 12 个区(市)将全部实现计生药具"物流直通车"发放。

(《中国人口报》2011 年 12 月 14 日 2 版)

青岛市婚检率超过70％，出生人口缺陷发生率仅4‰

记者从市人口计生委了解到，截至10月底，全市户籍总人口为764.77万人，人口出生率为8.6‰，人口自然增长率为1.95‰，合法生育率为97.6％，在全国属于较高水平。出生人口缺陷发生率一直稳定在4‰左右，出生婴儿性别比保持在正常范围内。

为切实稳定低生育水平，市计生系统开展了"基层基础建设年"活动，先后深入67个大企业和70个重点镇（街）、218个村（居）调研，开展九项专项治理行动，推动整体工作平衡发展，全市薄弱转化率达95％；坚持求真务实，查处违法生育4556例（其中，往年违法生育3399例），征收社会抚养费2.08亿元，在新闻媒体公示违法生育处理情况110批次；建立阳光考核机制，实施举报监督、监控比对、调研评估、通报公示、责任追究、动态管理和责任追溯，向12个区（市）、178个镇（街）党委、政府和6684个村（居）下发实时考核通报55个；完善"通报批评、黄牌警告、红牌警示、一票否决、重点管理"五级责任追究制度，实时责任追究15个单位，否决各类先进评选资格84个，人口和计划生育目标管理责任制得到有效落实。另外，各区（市）每年还投入500多万元，免费开展婚前健康检查，婚检率现已回升，超过70％。

为促进出生人口性别比保持自然平衡，市委宣传部、教育局等16部门出台了《关于广泛深入开展"关爱女孩行动"全面做好综合治理出生人口性别比工作的意见》，建立打击"两非"（非法鉴定胎儿性别、非医学需要终止妊娠）部门联动机制，深入开展"关爱女孩行动"，使出生人口性别比保持在正常范围。

（《青岛日报》2011年12月17日2版，隋峻、陈素平）

青岛市拓展信息化应用领域

近年来,青岛市致力于建立和完善人口基础信息共享平台和人口宏观管理决策信息支持系统,推动信息化应用领域向"大人口"拓展,为经济社会发展提供强有力的人口数据支撑。

整合新 WIS 系统和民政、公安、卫生等信息资源,建立全员人口信息系统,实现婚姻、家庭、生育、迁移、流动、奖扶、特扶和计划生育变动等信息的实时交流、共享。目前,共采集医院接生、出生医学证明办理、儿童计划免疫、婚姻登记、入学、劳动就业、户籍及流动人口等信息 35 万余条,形成覆盖全市 282 万户家庭、870 万实有人口基础信息的动态管理体系。

引进获得国际权威机构高度认可的 PADIS-INT 人口预测通用软件系统,与全员人口信息系统对接,形成符合青岛实际的人口宏观决策支持平台,通过多种形式的预测,直观地查看全市总人口、死亡、出生、劳动力、抚养比、迁移、年龄别人口、人口金字塔等情况,实现人口发展动态监测、综合分析、预警预报。开发了具有"全貌显示、户况定位、分类明晰、动静结合"特色的电子地理信息系统,实现了全市实有人口信息的准确定位,直观地显示楼院户况、驻街单位和药具发放点的分布等信息,更好地引导各项管理服务的落实。

利用 3G 技术,将新 WIS 系统与基础信息共享平台、全员人口信息系统整合到 3G 手持终端,基层工作人员可通过手机随时随地查询、录入、变更有关人口信息,并落实相关考核调查任务,形成了实时管理、实时服务、实时办公的高效工作流程。

(《中国人口报》2012 年 1 月 5 日 2 版,陈素平、薛刚)

青岛市建立"关爱女孩"长效机制

近年来,青岛市坚持"舆论先导、政策治本、法制保障、服务关怀"的思路,建立"关爱女孩"长效机制,促进"关爱女孩行动"落实。

营造浓厚舆论氛围。打造人口计生专刊、人口网、公众电子屏幕、公告宣传牌、政务公开栏、宣传精品、公开信、宣传折页、宣传一条街"九个一"工程等宣传平台、途径,构建起市、区(市)、镇(街)、村(居)"四位一体"的社会化大宣传格局,近年来免费发放宣传品 900 万份;及时在新闻媒体公示整治的"两非"典型案件;开展"关爱女孩"等宣传活动,参与群众达 100 万人次;人口计生部门与教育部门联合在学校设立了"青春花季"宣传栏,举办女孩才艺展示会等;与妇联联合举办"身为女性我自豪"征文比赛、"关爱女孩"演讲比赛、"妇女致富能手"评选等系列活动。

创新政策推动机制。对已育一个女孩,放弃二孩生育的农村家庭,市(区)、镇(街)、村(居)三级给予 1000～10000 元不等的奖励,20％的村(居)对考上大学的女学生给予高出男学生 15％～30％的奖励;对农民进行生活补助、灾民补助、医疗救助、子女教育救助及社会互助帮扶等社会救助,提高独生子女和双女家庭的救助比例;对农村享受"低保"人群中的独女家庭差额发放农村低保金后,每户每年再增发 400 元专项生活补助;为农村独女母亲和独生女办理大病互助医疗保险,最高可发放 2 万元的补助;完善村规民约,鼓励农村男到女家落户,男方享受村民待遇等政策;大力倡导子女姓氏改革,子女随母姓成为时尚;除个别奖励措施外,双女户同独生子女家庭享有同等优惠政策,使女性在村务管理、婚嫁迁户、宅基地分配等方面拥有更大自主权,依靠女儿养老成为更多人的选择。

完善综合治理格局。严格执行《山东省禁止非医学需要鉴定胎儿性别和选择性别终止妊娠规定》专项法规,严禁私自流产和引产,对持二孩生育证流产和引产的,实行严格审批制度,对擅自采取终止妊娠手术的医疗和计生服务机构、人员,给予行政处罚,对当事人给予推迟三年或不再批准生育的处理。自 2004 年以来,市政府把开展"关爱女孩行动"列入《政府工作报告》,纳入人口责任目标考核体系。2006 年,14 个相关部门联合出台开展"关爱女孩行动"、促进出生人口性别比自然平衡的文件。今年市委宣传部、教育局等 16 个部门出台了《关于广泛深入开展"关爱女孩行动"全面做好综合治理出生人口性别比工作的意见》,进一步完善综合治理出生人口性别比长效机制,将该项工作纳入"一票否决"。

强化服务管理措施。做好孕期和产后随访服务,抓住孕前、孕中、产后三个阶段,建立和完善孕期随访、孕情监测等管理服务制度。近年来,全市孕期随访率达99%,产后随访率达到100%;加强对 B 型超声诊断仪等设备的管理,对辖区医疗卫生机构、妇幼保健机构、计生服务机构、个体诊所登记造册,对有 B 型超声诊断仪的医疗机构实行执业许可制度,统一管理;建立起以区(市)人口计生局为核心,横向联系婚姻登记、接生医院等机构,纵向深入镇(街)、村(居)的电子信息网络,客观分析各种数据间的内在逻辑关系,及时对各区(市)出生人口性别比状况和发展态势做出预警预报。

(《中国人口报》2012 年 1 月 12 日 2 版)

新春走基层，搞调研送温暖

新春佳节来临之际，青岛市人口计生委全体干部走出机关，深入全市 24 个镇（街）、48 个村（居），开展了走基层调研活动，给基层计生干部和计生家庭送上党和政府的关怀和温暖，并致以新春的问候和祝福。同时，请基层计生干部摆问题、谈意见，为推动全市人口计生工作上水平献计献策。

"过年了，我们代表市委市政府来看看大家，也请你们说说你们所在的社区最难办的事是什么？" 1 月 16 日，农历小年上午，市人口计生委领导先后深入崂山区沙子口街道大河东社区、中韩街道牟家社区及市南区香港中路街道云霄路社区，走访慰问了部分基层计生干部和计生困难家庭，分别送去了慰问金和慰问品，并致以新春的问候和祝福。在崂山区中韩街道牟家社区会议室，市人口计生委领导和来自中韩街道 6 个社区的计生主任进行了座谈交流，诚恳地请社区计生主任谈谈工作中的困难和问题。"我们有两个开发区新建的商住小区，人员居住复杂，给人口计生管理服务工作带来很大困难，农村社区很难管理。" 当石老人社区计生主任提出这一困难时，市人口计生委领导当场表示："可以考虑配备专职干部，按照城市模式管理。请崂山区人口计生局年前拿出意见，市人口计生委一起研究解决。" 刘家下庄、李家下庄、钟家沟、牟家等社区计生主任分别谈了户籍改革给人口计生工作带来的困难、流出育龄妇女难以管理、长效节育措施难以落实等问题，市人口计生委领导都认真倾听，一一做出答复，对现场不能解决的问题，做好记录，带回去研究解决。

据了解，2012 年是青岛市人口计生工作"基层基础提升年"。2012 年新春伊始，市人口计生委提出 2012 年全市人口和计划生育"全省领先、全国一流"的工作定位，并在新春开展走基层调研活动。调研结束后进行了情况汇总，梳理出关于利益导向政策、流动人口综合管理服务等十几条工作意见和建议，为进一步提升全市人口计生工作水平奠定基础。

（《青岛财经日报》2012 年 1 月 18 日 A21 版）

青岛市领导离任，人口计生工作不离责

为进一步强化党政主要领导对人口计生工作亲自抓、负总责的意识，提高领导干部抓紧、抓好人口计生工作的自觉性，日前，青岛市委组织部、青岛市人口计生委联合出台了《青岛市党政主要领导干部离任人口计生工作交接办法》（以下称《办法》）。

《办法》规定，党政领导干部在任期届满或者任期内调任、转任、轮岗、交流及其他原因离开原领导岗位前，应及时办理任期内人口计生工作交接手续。交接内容主要包括人口总数和任期内分年度出生数、违法生育出生数、违法生育上报数、出生人口性别比、长效避孕节育措施落实率、违法生育处理情况、社会抚养费征收数额、特殊案件个案等情况。将人口计生工作离任交接情况作为评价、使用干部的重要依据。领导干部离任交接工作一般在离任领导干部与接任领导干部之间进行，交接时人口计生"五职责任人"要同时参加。如暂无接任者，可由组织部门根据实际情况临时指定一名班子成员交接。移交人应填写《党政主要领导干部离任人口计生工作交接单》（一式五份），写明离任人职务、任职起止时间、交接内容等，经离任领导、接任领导签字后，分别由离任领导、接任领导、单位各存档一份，并报送上级组织部门、人口计生部门备案。交接手续应在宣布任免之日起七个工作日内办结，未办理书面交接手续的，有关部门不予办理人编、工资转移手续。

《办法》明确了离任、接任领导干部的责任。离任领导干部要对人口计生工作交接情况、数据的真实性负责，对人口计生工作交接中存在的特殊情况应做出解释和说明；对于任期内未查出或未暴露出来的问题，将进行责任追溯；对无故拖延、不办理交接手续的或在交接中隐瞒事实、不如实交接的，视其情节轻重，予以批评教育、问责或其他组织处理方式；对涉及违法违纪问题的，按相关法律法规依法依纪处理。接任领导干部要在三个月内对交接的人口数量、人口情况进行核查和数据比对，对于离任领导干部交接数据不实的，接任领导干部要据实进行调整，并做出情况说明，提交组织部门和上级人口计生部门备案，由离任领导干部承担相应的责任，组织部门将对离任领导干部实行责任追溯。对于三个月内未进行核查或未比对出问题的，此后出现的问题由接任领导干部负责。

该《办法》所指领导干部主要包括各区、市党政主要负责人；各镇、街道办事处党政主要负责人。

（《人口导报》2012年3月12日1版）

践行雷锋精神，送关爱进社区

"我开了家烧烤店，平时很忙，没时间去医院，市人口计生医院的专家到社区给我们查体，给我们提供了方便，真是太好了！"刚刚做完B超检查的育龄妇女黄红来自山东菏泽，在市南区金门路已经居住5年了，已近不惑之年的她很重视健康，见到记者兴奋地打开了话匣子。

3月6日至7日，"三八"妇女节到来之际，市人口计生医院的医务人员在副院长于建政的带领下，带着B型超声诊断仪、心电图仪等仪器、设备来到市南区金门路街道仙游路社区开展义诊活动。这次义诊主要面向金门路街道8个社区的失业、无业育龄妇女和外来务工育龄妇女以及离退休的老年人，为育龄妇女免费开展生殖健康咨询、宫颈疾病防治、B超检查、乳腺检查等服务，为老年人免费开展保健、测量血压和血糖、做心电图检查等服务，并免费发放了避孕节育、优生优育、更年期保健等科普知识宣传册和避孕药具。在活动现场，记者看到60余名育龄妇女有秩序地排着队，按流程体检，像黄红一样的外来务工育龄妇女都手持暂住证候诊，享受与当地育龄妇女一样的免费体检待遇；一些老年人则在另外一个大厅坐着候诊。大家对市人口计生医院的专家进社区义诊赞不绝口，今年80岁的蓝秀美大娘拉着记者的手说："年纪大了愁着去医院，专家进社区真是方便了俺这些行动不便的老人了！感谢党！感谢政府！"

据了解，近年来，市人口计生委把关注民生、为民谋福祉、提高群众幸福指数作为人口计生工作的目标，全面服务于和谐（幸福）家庭促进，积极为群众提供计划生育/生殖健康公益性服务。在3月5日学习雷锋纪念日到来之际，市人口计生委号召全市人口计生系统广大计生干部、协会会员、志愿者，深入开展"让雷锋精神在人口关爱中飞扬"的社会实践活动。市人口计生医院以实际行动践行雷锋精神，送服务、送关爱进社区，两天时间为金门路街道8个社区共1350名育龄妇女、320名离退休老人免费进行了健康体检和疾病诊察。

（《青岛财经日报》2012年3月14日A17版）

人口战略研究为蓝色经济提供有力支撑

近年来,青岛市人口计生部门切实树立"大人口"观念,认真履行人口发展战略研究职能,围绕贯彻落实市委、市政府"环湾保护、拥湾发展""蓝色经济区"发展战略,开展人口发展功能区研究,为加快蓝色经济区建设、实现蓝色跨越提供有力支撑。

2010 年,青岛市人口计生委组建了人口与发展研究中心,通过挖掘内部潜力和借助社会力量,于 2011 年成立了青岛市人口发展研究专家委员会。立足青岛经济社会发展的新形势,围绕率先科学发展、实现蓝色跨越,开展了《青岛市蓝色经济区建设与人口发展战略研究》《青岛市国际化城市建设中的人口规模问题研究》《青岛市人口素质、结构、分布与经济社会发展关系研究》等 30 多项课题研究,并及时以研究成果指导实际工作。实现人口长期均衡发展的数量性和结构性战略目标;完善计划生育、促进男女平等、应对人口老龄化、家庭福利等方面的人口政策及配套措施,逐渐形成统筹解决人口数量、素质、结构和分布问题,促进人口长期均衡发展的人口政策体系;加强立法调研,努力推动、加快老年人保障和残疾人保护的立法进程,形成较为完善的人口计生法律政策体系;加快城乡一体化步伐,引导人口有序迁移和合理布局,促进区域协调发展。

各区(市)人口计生局或成立人口发展研究机构,或将人口发展研究工作任务落实到有关科室,指定牵头单位和专人负责,积极搭建与专家和职能部门的新合作平台,通过有效整合资源,建立起政府部门与研究机构之间优势互补的人口研究工作新机制,结合实际工作,开展了富有指导意义的人口研究工作。市南区的《城市社区"和谐(幸福)家庭促进计划"项目研究》、胶州市的《人口文化在助推"文化青岛"建设中的定位及作用发挥探究》等成果在全市实施、推广,受到省、市领导的充分肯定;崂山区的《计划生育避孕药具发放形式的突破和创新研究》的成果解决了困扰城市多年的计划生育避孕药具发放渠道问题,使避孕药具通过物流配送直接送到群众手中,节约了成本,方便了群众,推动了人口计生工作转型发展;市北区的《老龄化背景下市北区独生子女父母养老保障问题研究》、李沧区的《"两改"对李沧区域人口变动的影响及对策》、黄岛区的《户籍制度改革与人口计生工作研究》、即墨市的《关于对人口和计划生育利益导向政策整合研究》等成果对解决工作中的实际问题和今后的人口计生工作发展都具有一定的意义。

(《青岛财经日报》2012 年 3 月 25 日 A3 版,陈素平、孙晓丽)

蓝色跨越中的人口计生工作

回顾篇

市人口计生委牢固树立世界眼光、国际标准,发挥本土优势,按照李群书记关于"寻标、对标、夺标、达标"的工作要求,坚持转观念、调职能、谋转型、促发展,全面建设"和谐人口、诚信计生",2011年圆满完成了省委、省政府下达的人口责任指标,统筹解决人口问题实现了突破性进展。

2011年全市户籍总人口为764.77万人,人口出生率为8.6‰,人口自然增长率为1.95‰,合法生育率为97.6%,圆满完成省下达的人口指标。在56个政府部门"网络在线问政"活动中,市人口计生委评议得分名列第四,将群众反映的问题全部办结。市人口计生委对近两年人民群众在"行风在线"节目中反映的100多个问题,全部第一时间解决,群众满意率达100%。市人口计生委在全市民主评议行风政风活动公用服务类22个单位中位列前三,在市委、市政府目标绩效考核中获得优秀等次;在省委、省政府对我市2010年度《人口和计划生育目标管理责任书》执行情况考核中首次荣登榜首,切实发挥了人口计生工作在全省的龙头引领作用。2011年以来,国家、省、市领导先后13次对我市人口计生工作给予了肯定性批示。《人民日报》、中央电视台、中央人民广播电台等各级主流媒体1185次报道了我市工作经验。

关键词:转观念　转作风

树立"大人口"观

切实树立"大人口"观,转变职能定位,深入研究经济、社会与人口、资源、环境相协调和可持续发展的关系。2011年完成30项人口发展课题研究,举办3次人口与发展研究论坛,编发24期《人口要情》,将取得的重要研究成果和政策建议及时报市委、市政府及相关部门,为全市经济社会发展提供理论依据和数据支撑。

转变政风、行风

坚持走出机关、服务基层,在第一时间发现问题,第一时间解决问题,第一时间抓好落实;建立信访"即接即办即结"工作机制。用群众工作统领信访工作,群众反映的实际问题得到妥善处理;进京、到省市信访量逐年下降,2011年实现零上访,群众满意率近100%;开展10项创先争优活动,培训基层干部5000余人次,分别在青岛电视台演播大厅、奥帆中心大剧场举办"党在我心中"知识竞赛和"纪念建党90周年"文艺会演,市四大班了分管领导现场观看并颁奖,全系统干事创业的氛围更加浓厚。

关键词:创新社会管理

分类服务管理

创新城市社区管理,强化社区、驻街单位管理服务职责,对 12.3 万家驻街单位实施分类管理,打造出社区综合管理、小型康乐企业、市场、楼宇、商业街、企业等分类管理服务示范点 45 个,已婚育龄妇女管理服务率超过 90%。

信息资源共享

建立全市人口信息共享机制。按照"依法共享、按需共享"的原则,整合部门信息资源,及时共享并掌握户籍人口信息 764 万条、流动人口信息 83.3 万条,最大限度地减少违法生育瞒报、漏报数量。投入 319 万元,打造一流信息中心,改造现有服务器、网络运行环境,建立市级中心数据库,提升人口管理服务水平,从简单的计划生育数据汇总,扩展到全人口的实时个案信息维护、统计分析研究、地理信息应用,实现了工作职能的重大突破。

关键词:提升家庭幸福指数

实施和谐(幸福)家庭促进计划

完善公共服务体系,实施早教、孕前优生、照料老人等 9 项公益性服务,实现了由单纯的计划生育服务,向全人口的综合性服务的根本转变,70 多万社区居民受益。全省人口计生工作座谈会在我市召开,推广了我市经验。

落实惠民政策

各级财政投入 6.07 亿元,社会募集人口关爱基金 677 万元,落实 29 项惠民政策,602 万人次受益。其中,为 48936 名奖励扶助对象发放扶助金 2288.36 万元;为 5024 名特别扶助对象发放特服金 481.83 万元;为 533 名困难计生家庭成员发放救助金 58.31 万元。

实施均等化服务

市委办公厅、市政府办公厅下发了《关于完善服务管理体制,推进流动人口计划生育基本公共服务均等化工作的意见》,已有 190 万人次新市民享受"宣传教育、免费技术服务、生育登记和优生促进、奖励优待、困难救助、便民维权、社会保障和优先优惠"7 个方面的均等化服务。

避孕药具发放

建立避孕药具"物流直通车"发放机制。免费避孕药具通过物流从生产厂商直接送到 178 个镇(街),从源头上遏制浪费和流失,杜绝倒卖免费避孕药具的行为,真正让群众享受到安全、有效、便捷的免费避孕节育服务。

提升服务能力

投入 3700 万元建设副省级城市首个国家级优生优育教育基地,打造 3 个区(市)级、6 个镇(街)级计划生育优质服务示范站。孕前优生检查覆盖率达 71%,实现了优质服务提质、提速。

关键词:稳定低生育水平

舆论先导

充分发挥宣传教育的舆论导向作用,建设特色人口文化。推进"九个一"工程,弘扬社会主义核心价值体系。"九个一"工程包括在《青岛财经日报》每周刊登一期《人口和计划生育专刊》,向人大代表、政协委员等各界人士每人发放一封公开信,打造一个互动交流网站,向每个农村家庭发放一份宣传品,发放一套科普知识折页,发放一册宣传画册,在每个区(市)利用一块电子屏幕 24 小时滚动宣传,在每个镇(街)设立一条宣传街,在每个村(居)设立一个公示栏。

不断发展健康、正确的婚恋文化、生育文化、孕婴文化、性文化、家庭文化、老年文化。全市免费向群众发放宣传品 900 万份,宣传品进村入户率超过 98%。

在市级以上主流媒体宣传报道 1185 次,开展"三下乡"等 9 项专题宣传活动,开展人口文化活动达 8347 场次,参与群众达 100 万人次,广大群众的人口文化生活日益丰富,婚育观念进一步转变。

平衡发展

开展"基层基础建设年"活动。深入 67 个大企业和 70 个重点镇(街)、218 个村(居)调研,开展 9 项专项治理行动,推动整体工作平衡发展,全市薄弱转化率达 95%。

依法行政

严格依法行政。坚持求真务实,查处违法生育 4556 例(其中,往年违法生育 3399 例),征收社会抚养费 2.08 亿元,在新闻媒体公示违法生育处理情况 110 批次。

责任追究

实施举报监督、监控比对、调研评估、通报公示、责任追究、动态管理和责任追溯"七大考核机制",向 12 区(市)、178 个镇(街)党委、政府和 6684 个村(居)下发实时考核通报 55 次;完善"通报批评""黄牌警告""红牌警示""一票否决""重点管理"五级责任追究制度,实时责任追究,共 15 个单位被追究,否决各类先进、政治资格、提拔录用 1069 个,否决党代表、人大代表、政协委员 258 个,人口计生目标管理责任制得到有效落实。

展望篇

坚持率先科学发展,以"全省领先、全国一流"为目标,坚持世界眼光、国际标准,发挥本土优势,深入落实"和谐人口、诚信计生"工作理念和"一、二、三、四、五"工作思路,努力完成"寻标、对标、达标、夺标"工作任务,实现工作跨越提升,为建设宜居、幸福的现代化国际城市创造良好的人口环境。

关键词:坚定国策

坚持"五个不动摇"

坚持工作正确方向不动摇,坚持发挥政治优势不动摇,坚持群众工作路线不动摇,坚持求真务实理念不动摇,坚持发挥本土优势不动摇。

强化领导责任

严格落实市委组织部、市人口计生委《关于领导干部离任人口计生工作交接办法》、市纪委等7部门《关于进一步完善人口和计划生育追究制度的意见》等文件精神,强化各级领导的责任,完善"通报批评""黄牌警告""红牌警示""一票否决""重点管理"五级责任追究制度,增强党政领导对人口计生工作亲自抓、负总责的意识,提高领导干部抓紧、抓好人口计生工作的自觉性。

严格依法行政

加大对违反计划生育政策行为的处罚力度。严格审核各类先进和政治资格,严肃处理违规行为;对社会名流违反计划生育政策的,发现一起,曝光一起;对党员和领导干部违反计划生育政策的,发现一起,处理一起;对流动人口违反计划生育政策的,加强监管,处理到位。

完善考核办法

完善"七大考核机制",实行市、区(市)分类分级考核和镇(街)、村(居)、大企业直考。抓好政务督查、明调暗访、专项调查等经常性考核,每月、实时根据实际开展有关调查工作,加大对基层基础薄弱地区的工作指导力度,促进全市人口计生工作平衡发展,继续在全省保持龙头地位,发挥引领作用。

关键词:提升工作

围绕蓝色跨越,提升六项重点工作。

深化人口发展研究

建立市、区(市)、镇(街)经常性研究机制,研究蓝色跨越中的人口问题,围绕建立人力资源强市、促进人口发展、提高人口素质等方面开展研究,每季度举办系统研究论坛,着力解决实际问题,推出一批优秀工作成果,定期编发《人口要情》,报市委、市政府，为人才发展提供理论支撑。

深化人口文化建设

将人口文化融入海洋文化、蓝色文化建设中，自觉服务于蓝色经济。以婚恋文化、生育文化、育婴文化、性文化、老年文化和家庭文化（以下简称"六个文化"）为主题，创新推进宣传教育"一网、一刊、一幕、一街、一栏、一品、一信、一页、一册""九个一"工程，推出一批"六个文化"建设宣传精品，每个镇（街）打造人口文化一条街，形成覆盖城乡、服务便捷的"一刻钟人口文化圈"；以"六个文化"为主题，办好人口文化和生殖健康博览会；在坚持免费人口公共文化服务的基础上，抓好人口文化消费，拓展人口文化消费市场，加强原创性人口文化作品的开发、生产。

树立正确的社会舆论导向，建立综合治理出生人口性别比问题长效机制，协调相关部门定期开展打击"两非"联合行动，促进出生人口性别比自然平衡。

加快信息化建设

树立全市一盘棋的发展理念，加强信息化建设。整合力量，研发并推广目标管理责任制考核、人户分离人员管理、"12356"阳光服务热线等应用管理软件；全面推广3G移动智能管理平台，全部与WIS系统联网，融入全市信息化建设规划，完善全员人口信息库，开发全员人口地理信息系统，初步形成网络全方位、业务全纳入、人群全覆盖的青岛人口信息化模式；实时交流共享医院接生、出生医学证明办理和儿童计划免疫等部门信息，实时比对人口信息，提高数据的准确性、及时率；进一步强化人口预测、人口预报、人口统计、流动人口动态监测工作，完善人口新闻发布制度，为市委、市政府及相关部门科学决策提供准确的人口基础信息。

推进计划生育公共服务

加强服务能力建设。以国家"两化"建设标准为起点，引进高科技设备，引进学科带头人，镇（街）计划生育服务站申办医疗机构执业许可证，加强人才队伍建设，打造计划生育特色品牌。

拓展公共服务职能。围绕完善人口家庭公共服务体制，全面开展婴幼儿早期教育、青春期健康教育、更年期健康促进、老年预防保健、生殖健康检查等家庭保健服务，全面实施国家免费孕前优生健康检查项目，提高补助标准。推进免费补服叶酸项目，扩大项目覆盖人群。

理顺技术服务体制。研究并落实统筹城乡发展中镇（街）合并后计划生育服务机构稳定和加强工作，探索解决大社区建设中计划生育与卫生一体化体系建设问题，保证计划生育技术服务全覆盖。

加强和创新城市社区管理

融入流动人口居住证管理，深化社区网格化管理，打造"五吧""五房""十街"

"五城"、社区、中小型服务业、楼宇经济、外资民营企业、高校等管理服务示范点;落实流动人口公共服务均等化,完善"一盘棋"工作机制,强化流动人口聚集区社区工作网络建设,推进宣传教育、免费技术服务、生育登记和优生促进、奖励优待、困难救助、便民维权、社会保障和优先优惠等均等化服务。

提升"精气神"

加强党的建设,毫不动摇地抓纪律,抓风气,抓发展,抓环境,抓党支部建设,抓干部队伍教育培训,提高干部素质,抓党风廉政建设,营造风清气正、凝心聚力、干事创业的工作环境和生活环境;明确目标和方向,不为任何外力所困扰,不动摇,不懈怠,不折腾,坚定不移地朝"全省领先、全国一流"的目标前进。

关键词:普惠民生

推出系列便民举措

完善群众需求引领工作的机制,按群众需求制订工作计划;建立"三线一网""三民活动"工作长效机制,妥善解决群众反映的实际问题;推进避孕药具"物流直通车"项目,市、区(市)建立免费药具申领电话和网络平台,由镇(街)、社区直接或委托第三方物流公司将免费避孕药具及时送到育龄群众家中。

完善利益导向政策

抓好政策研究与整合,解决计划生育奖励、扶助、救助政策"零散化"问题。联合法制部门出台措施,确保新制定的最低生活保障、养老、医疗等普惠政策体现对计生家庭的优先优惠;建立农村部分计生家庭奖励扶助和计生家庭特别扶助标准动态调整机制;研究破解失业、无业人员中独生子女父母年老一次性奖励问题;做实、做精"人口关爱基金"项目等。

落实好市政府市办实事

对符合计生政策生育,具有我市户籍的育龄妇女及在我市连续居住并接受居住地计划生育服务管理1年以上,具有合法、稳定的职业和住所(含租赁),在定点助产机构分娩的流入育龄妇女,给予500元的住院分娩补助。

和谐(幸福)家庭计划提质提速

深入开展"和谐(幸福)家庭促进计划"。坚持因地制宜,抓好和谐(幸福)家庭的内涵打造。婴幼儿家庭数量较多的村(居)实施"阳光宝贝计划",开展婴幼儿早期教育促进活动;青少年家庭数量较多的村(居)实施"未来之星计划",开展青春期健康教育促进活动;新婚家庭数量较多的村(居)实施"爱的港湾计划",开展新婚健康教育促进活动;待孕、在孕家庭数量较多的村(居)实施"希望之光计划",开展孕前优生健康促进活动;已育家庭数量较多的村(居)实施"性福有约计划",开展避孕节育与生殖健康促进活动;更年期家庭数量较多的村(居)实施"金丝带计划",开展围绝经期健康促进活动;困难家庭数量较多的村(居)可实施"生育关怀计划",开展困难救助促进活动;流动人口家庭数量较多的村(居)可实施"新市民、新家园计划",全面开展生育宣传和基本公共服务均等化。

关爱救助计生困难家庭

对具有青岛市户籍的计划生育人员以及在青岛市连续居住并接受居住地计生服务管理1年以上,具有合法、稳定的职业和住所(含租赁)的流入计划生育人员,如果本人及其子女因患重大疾病、伤残或死亡造成经济和生活困难,根据家庭经济状况、生产能力和贫困程度,一次性给予1000元至20000元不等的救助金。

(《青岛财经日报》2012年4月1日A2版)

胶南市全面提升计生家庭幸福指数

近年来,胶南市着力推进"和谐家庭"促进计划,全面推进幼儿早教、孕前优生、老年健康促进等九项公益性服务,使全市广大计生家庭在享受民生普惠政策的同时,享受到优先优惠,有效提升了广大计生家庭的幸福指数。

创业帮扶

前不久,胶南市宝山镇东山前村的"养猪大王"周庆宝领到了 1000 元独生子女家庭创业贷款再贴息,加上原来享受的城乡居民创业贴息贷款优惠政策,每年 1.3 万元的利息,周庆宝仅负担 4500 多元。为拓展养猪产业,周庆宝之前申请了 15 万元的创业贷款,建起了两处小型养猪场。他家是独生子女家庭,符合计划生育再贴息奖励政策,因而获得了贴息补贴。

对城乡居民创业贷款由政府进行贴息,是胶南市于 2010 年首创的一项民生政策。贴息对象是具有胶南市常住户口的城乡居民、农民专业合作社、购买大马力渔船的企业(农户)以及在胶南登记注册的重点农业龙头企业等,每年用于扶持全民创业的贴息资金总额达数千万元。为了提高独生子女家庭的创富能力,胶南市又安排贴息资金预算总额的 3%,专门用于独生子女家庭再贴息,即在原有贴息基础上增加贴息比例。2011 年,胶南市共对 1584 户独生子女家庭再贴息 90 万元。

教育优先

实施"绽放希望"工程。开展 0～3 岁早期教育,利用社区、社会教育、人口计生、妇幼保健和卫生医疗等服务机构资源,向婴幼儿家庭讲授早期教育知识,提供优育优教、合理营养的科学指导、教育、培训和服务,促进婴幼儿早期智力开发;开展了婴儿泳疗、儿童健康检查和疾病诊治、残疾儿童康复治疗等服务。其中,残疾儿童康复中心已收治患儿 55 名,先后使 10 多名一直瘫痪在床的患儿能独自站立,使不会说话的患儿能够对话,帮助 10 名儿童转入普通小学。

在实施早期教育、"希望工程""春蕾计划""金秋助学"等救助项目时,优先向贫困计生家庭的中小学生倾斜。发放普通高中和义务教育阶段政府助学金以及中等职业学校助学金时,对独生子女优先发放。独生子女参加本市事业单位招考、企业招工等考试,同等条件下优先录用。

医有免费

率先建立市镇村一体化医疗卫生管理模式,城乡居民医保实现全覆盖,农民在镇卫生院住院报销比例达到80%。独生子女及独生子女父母生病住院,除享受农村合作医疗或城镇居民医保报销外,剩余部分可再享受大病医疗商业保险报销。对享受独生子女待遇的少年儿童,在城镇居民基本医疗保险基金支付比例的基础上增加5%。

实施"健康人生"工程。将计划生育孕前型管理融入"两癌"筛查、妇科病防治、性病和艾滋病预防工作之中。目前,已为5.8万名农村妇女进行了免费"两癌"筛查,免费筛查艾滋病病毒6.5万例;2011年开展孕环情监测46万人次,为11490人免费提供了孕前优生健康检查,生殖健康检查16万人次,对查出的疾病,均给予了治疗和指导,有效促进了育龄群众的生殖健康。去年以来,全面推行高血压、糖尿病两大病种的免费医疗,全市11万患者受益。

住房优惠

2011年开始扩大住房保障范围,新建经济适用房、限价房、廉租房1580套,共12.3万平方米,完成773户农村危房改造。对符合条件的农村独生子女家庭,在购买经济适用房时给予100元/平方米的优惠。2012年,继续扩大住房保障范围,更多符合条件的独生子女家庭享受相应优惠。

老有保障

胶南市已经实现城乡居民社会养老保险全覆盖。自2011年以来,对参加新型城乡居民社会养老保险的年满60周岁的独生子女父母,政府在全额支付55元基础养老金的基础上,为每人每月加发10%的基础养老金。

(《青岛财经日报》2012年5月2日A17版,陈素平、徐全勤、王先鹏)

托起明天的希望

　　2月15号中午12点刚过，一群刚刚从重庆路第二小学放学的小学生欢呼雀跃着，飞奔到手里高高举着"海嘉社区托教中心"牌子的女教师身边，在女教师的引领下，排着整齐的队伍，高高兴兴地来到海嘉社区。

　　海嘉社区位于重庆南路48号，隶属嘉兴路街道办事处，周边有重庆路第二小学、青岛市第50中学、华夏职业中学以及流动人口较为集中的鞍山二路综合市场。步入社区广场，一个标有"家"字的宣传牌格外引人注目，"家"字下面还有两行小字："人是漂泊的船，家是温暖的岸"，寓意社区就是群众温暖的大家庭。据了解，自去年青岛市实施和谐家庭促进计划以来，四方区因地制宜地建立了"一街一品"家庭计划指导服务模式。嘉兴路街道自去年以来，在海嘉社区投资14万余元，打造"和谐海嘉，温馨之家"品牌，创办了小学生托教中心，设立了社区"小餐桌"，为双职工子女解决了午餐和放学后无人看管等难题，并聘请专业老师进行课外作业指导、兴趣指导等。家长只需要每天交上8元钱，孩子放学后就可以在海嘉社区吃到营养丰富、安全、卫生的午餐。今天的午餐有牛肉土豆、鸡蛋饼等，十分丰盛，孩子们吃得津津有味。张一石等几位同学吃好后，自觉地来到二楼阅览室写作业，另外几位小同学则由老师带领读"小人书"，还有几位同学分别在另一个房间看动画片、做游戏等。

　　为满足部分学生及流动育龄青年的特殊需要，嘉兴路街道还在海嘉社区托教中心开办了心灵驿站，与就近的新惠康医院签订协议，邀请新惠康医院的大夫每天轮流坐诊，分别为中学生及在周边市场务工的流动育龄青年提供青春期健康教育、婚恋指导等系列服务。"以前孩子放学后就在小区里乱晃，我们当家长的很不放心，有的孩子逃课、泡网吧，甚至早恋，父母互相埋怨，搞得家庭很不和谐，现在我们可以安心工作了。"孩子在海嘉社区托管的于海霞女士由衷地说。在青岛市第50中学就读的王同学因父母经常出差，曾一度沉溺网络，成为全校出了名的"逃课大王"。心灵驿站的高大夫接诊后，了解到孩子迷恋网络主要是有些性困惑，便耐心予以心理疏导，帮助孩子建立了健康的性心理，终于使孩子摆脱了网瘾，现在学习成绩在全班名列前茅。

　　目前，海嘉社区托教中心共有30多个孩子，分大、中、小三个班，分别由4位师范院校毕业的专业教师轮流接送、托管。"我们创办海嘉社区托教中心，为孩子们提供了安全、卫生的就餐、学习环境，帮助一些'问题'孩子解除了心理困惑，托起了明天的希望，也促进了家庭的和谐、幸福。"海嘉社区支部书记、和谐家庭促进服务中心站长李志强说。

（《青岛财经日报》2012 年 2 月 22 日 A17 版）

青岛市建立"三新"服务卡，
深入推进流动人口均等化服务

日前，青岛市人口计生委出台了《关于建立流动人口"新青岛·新市民·新家园"服务卡工作制度的意见》，建立流动人口"新青岛·新市民·新家园"服务卡，即"三新"卡，以此亮出城市新名片，深入推进流动人口均等化服务。

持有"三新"卡的流入育龄妇女可以享受办理计划生育服务手册、人口计生宣传教育培训服务、孕环情检查、孕前优生保健和增补叶酸，以及发放避孕药具等免费服务；在现居住地落实长效避孕节育措施及住院分娩的流入已婚育龄妇女等，可以获得一次性补助；可以享受与户籍人口同等的晚婚晚育休假待遇以及生育津贴、生育医疗费用报销等；可以在镇（街）、村（居）享受"一站式"行政事务受理服务及和谐（幸福）家庭促进计划指导服务。

持有"三新"卡且符合条件的全员流动人口可以免费咨询并享受10个政府部门提供的工商注册、失业保险、子女参加城镇居民基本医疗保险、子女义务教育升学、职业技能培训补贴、职工免费法律援助、困难救助、文体培训消费等基本公共服务项目，快捷、全面地了解当地政府为流动人口提供的各项均等服务，与户籍人口同等享受改革开放的成果。

持有"三新"卡且符合条件的全员流动人口可以免费或以优惠价格享受"关爱加盟连锁服务"。12区（市）各联系不少于15家社会加盟单位，重点围绕劳动技能培训、法律法规、避孕节育、生殖保健知识培训、法律咨询和法律维权服务、丰富业余文化娱乐生活、职业介绍、房屋租赁等方面，为流动人口提供免费或优惠的服务。

（《青岛财经日报》2012年5月30日A17版）

青岛市建立实有人口服务管理机制

近日,青岛市人口与计划生育工作领导小组下发了《关于建立实有人口服务管理工作制度的意见》(以下简称《意见》),探索建立实有人口服务管理制度。《意见》从三个方面提出了如何建立实有人口服务管理制度。

强化工作制度。一是建立以实有人口为主的服务管理机制。按照"属地化管理、市民化待遇、均等化服务"的原则,将全员人口信息、育龄妇女信息、流动人口信息、人户分离人员信息整合形成实有人口信息,将现行的服务管理人员范围由户籍人口为主,拓展到以实有人口为主,技术服务、宣传培训、信息采集、利益导向政策等日常服务管理的实行以实有人口为主。二是建立实有人口信息采集机制。建立部门"分别采集、共同满足"的"一单通"工作模式。市、区、街道、社区分别收集卫生防疫、公安、民政婚姻登记、教育、房屋出租等部门信息,进行信息比对。建立流动人口户籍地、居住地和从业地"三地"间互动工作机制。三是推行"网格化"工作机制。按照区域特征、实有人口和实有房屋情况,将城市社区划分为若干"网格",每个"网格"配备一名协管员,定期采集掌握"网格"内单位、实有人口信息和变动情况。四是全面推行"和谐幸福家庭促进计划"。将人口计生工作全面融入城乡基本文化服务体系建设、人口和家庭公共服务体系建设、城乡基本卫生医疗服务体系建设、加强和改进社区建设。五是推行"新青岛·新市民·新家园"服务卡(简称"三新"卡)工作制度。在青岛居住生活的流动人口可以免费办理"三新"卡,凭卡享受政府有关部门和社会组织单位提供的免费或优惠服务。

明确责任主体。一是人户同在人员,户籍地是责任主体;二是人户分离人员,户籍地和居住地根据不同的情况分别承担相应的责任。三是流动人口,由户籍地、居住地实行"双向管理、双向协作",共同做好流动人口的服务管理工作。

《意见》还提出了保障措施。从加强组织领导、加强信息化建设、完善工作规范和加强监督考核四个方面,推动实有人口服务管理制度的建立和落实。

(《中国人口报》2012 年 9 月 5 日 2 版,陈素平、吕素玲)

青岛明确单位人口计生工作责任目标

为严格落实单位人口计生工作责任,切实稳定低生育水平,推动人口与社会经济协调发展。日前,青岛市人民政府制定并下发了《青岛市单位人口和计划生育工作责任规定》(以下简称《规定》)。

《规定》严格管理责任。要求单位应根据工作需要,设立人口计生工作机构或配备人口计生专(兼)职工作人员,并保证必要的人口计生工作经费,建立职工人口和计划生育档案。对新录用职工及因被除名、被辞退、辞职、自动离职、解除劳动(聘用)合同等离开本单位的职工和因破产而解散的单位的职工,应当按照有关规定在 30 日内向当地镇人民政府、街道办事处通报和交接人口和计划生育档案资料。对内退、长休、病休、再婚和流出以及配偶是农村居民的已婚育龄职工,实行重点管理;对出租房屋、雇佣外来劳务团体、招用外来务工人员、开办市场以及派本单位人员到外地工作的,做好有关人员的人口计生工作。

《规定》严格奖惩,实施责任追究。规定单位应当把履行计划生育义务情况作为对职工业绩考核、选拔任用、晋升职级、评先选优的一项重要条件。认真落实《山东省人口与计划生育条例》和青岛市规定的人口计生奖励和待遇。对违法生育子女的职工,不发产假工资,不报销相应费用,取消其本人各类先进评选资格,五年内不予提职、晋级。对具有下列情形之一的,给予开除处分:有配偶而与他人生育第一个子女的;有配偶而重婚或明知他人有配偶而与之结婚并生育第一个子女的;不符合《山东省人口与计划生育条例》规定的再生育条件,生育第二个子女的;生育三个及以上子女的;非法收养两个及以上子女的(原生育子女合并计算)。

企业出现违法生育或不兑现人口计生奖励优惠待遇的,由主管部门将其作为不良记录记入企业信誉档案,纳入社会信用系统。各有关部门在评先选优中应当征求同级人口计生部门的意见,对出现违法生育的单位实行"一票否决"。实行人口和计划生育追踪处理制度,对往年瞒报、漏报违法生育被查处的,按照人事管理权限由主管部门追究当时单位法定代表人的行政责任,追回已享受的奖励。对情节严重的,依据有关规定进行处理。

(《人口导报》2012 年 9 月 10 日 1 版,陈素平、吕素玲)

青岛:心灵驿站呵护青少年身心健康

"你们正处于生长发育期,身心还不完全成熟,这个时期恋爱不仅严重干扰学习、工作,一旦怀孕,流产对身体的伤害很大……"近日,在青岛莱西市店埠镇东庄头社区一间挂着"心灵驿站"牌子的温馨小屋里,值班的孙爱华医师正在耐心地和一位十七八岁的小姑娘交谈着。

小姑娘姓孟,来自山东菏泽,在东庄头社区附近的农贸市场务工,刚来1个月就被东庄头社区请来"补课",学习避孕节育、生殖健康等知识。"一些外来务工青年在性行为及生殖健康等方面需要得到正确的信息和必要的指导,我们成立'心灵驿站',宣传、普及这些知识,一对一地帮助她们树立正确的婚恋观,避免她们的身心受到伤害。"店埠镇计生办主任刘龙强说。环顾"心灵驿站",这间不足10平方米的小屋,墙壁上贴满青春期生理卫生知识等宣传画,粉红、天蓝、米黄相间的装饰使人感到既温馨又宁静,仿佛随时都在抚慰青少年那躁动不安的心。

据介绍,针对东庄头市场流动人口较多的情况,为满足周边流动育龄青年及部分中学生的特殊需要,店埠镇与就近的店埠镇医院签订协议,邀请医院的大夫每天轮流在东庄头社区"心灵驿站"坐诊,分别为中学生及流动育龄青年提供青春期健康教育、婚恋指导等系列服务。除了一对一的沟通交流外,他们还定期开办讲座、沙龙等,邀请市人口计生医院专家讲解生殖健康、避孕节育等知识,帮助青少年树立正确的人生观、婚恋观,学会自我保护。

据了解,去年青岛市实施"和谐幸福家庭促进计划"以来,全市各级人口计生部门从关爱青少年入手,借助卫生、教育等资源,着力完善公共服务体系,青岛市成立未成年心理健康辅导中心,区(市)成立了12所青少年心理健康辅导站,镇(街)设立悄悄话室、心灵驿站等,帮助青少年解决成长过程中的烦恼,塑造健康人格。

(《光明日报》2012年10月12日6版,陈素平、徐一冰、刘龙强、邓凯)

为蓝色跨越创造良好人口环境

党的十六大以来,青岛市的人口计生工作不断完善新机制,加快转变工作思路,改进工作方法。近年来,青岛市坚持世界眼光、国际标准,发挥本土优势,积极构建"和谐人口",打造"诚信计生",在切实稳定低生育水平的同时,积极履行"大人口"工作职能,推进人口和计划生育基本公共服务转型发展,服务经济社会发展,助推蓝色跨越,为建设宜居、幸福的现代化国际城市创造良好的人口环境。在2010年和2011年省委、省政府人口目标责任考核中,我市分别取得了全省第2名和第1名的成绩,实现了历史性突破。

强化工作措施,低生育水平持续稳定

2000年以来,青岛市建立和完善了"依法管理、村(居)民自治、优质服务、政策推动、综合治理"的人口计生工作新机制,推动人口计生工作实现由"人治"向依法管理、群众自治自主自觉转变;由"管人"向优质服务、提高群众满意程度转变;由单纯抓计划生育向人口计生与经济社会协调发展、综合治理人口问题转变。

建立和完善计生利益导向机制。着力抓好计生惠民政策的完善和落实,全面落实"少生奖励、服务免费、待遇优惠、贫困扶持、困难救助、社会保障"等计生惠民政策,因地制宜地制定并出台新的计生惠民政策。对符合国家计划生育政策生育的、具有青岛市户籍的育龄妇女及在青岛市连续居住并接受居住地计生服务管理1年以上,具有合法、稳定的职业和住所(含租赁),在定点助产机构分娩的流入育龄妇女,给予500元住院分娩补助;对具有青岛市户籍的计划生育人员以及在青岛市连续居住并接受居住地计生服务管理1年以上,具有合法、稳定的职业和住所(含租赁)的流入计划生育人员,如果本人及其子女因患重大疾病、伤残或死亡造成经济和生活困难,根据家庭经济状况、生产能力和贫困程度,一次性给予1000元至20000元不等的救助金。不断提高优惠额度,扩大优惠面,使计生家庭优先分享改革发展成果。

深入开展基层基础建设年及提升年活动。深入大企业和重点镇(街)、村(居)调研,开展专项治理行动等,推动整体工作平衡发展,全市薄弱转化率达95%。

改革目标考核机制。建立"七大考核机制",开展分类分级考核、专项调查、明调暗访,以及镇(街)、村(居)和市直大企业直考,每周、每月、每半年和实时向区

(市)、镇(街)党委、政府通报工作情况,不搞年终"一锤定音"和"一棍子打死"。今年已考核 109 个镇(街)、139 个村(居)和 84 个企业;下发周、月、季、半年和实时通报 99 个,有效促进了基层责任落实。国家人口和计划生育委员会授予我市"全国人口和计划生育综合改革示范市"荣誉称号。

在全国率先建立离任交接制度。联合市委组织部抓好党政主要领导离任人口计生交接清查,明确任职期间"人财物"等工作重点。今年全市镇(街)以上党政主要领导干部离任交接 59 人次,区(市)人口和计划生育、组织部门全部进行了备案核查,明确了工作责任。

完善责任追究制度。纪委、组织部、人社局等 7 个部门建立了五级责任追究制度,规范对各级党委、政府计划生育"五职责任人"和党政机关、企事业单位及个人的责任追究。

党的十六大召开以来的 10 年间,青岛市妇女总和生育率保持在 1.28 左右,人口自然增长率在 2.73‰以下。

完善工作机制,统筹解决人口问题取得突破性进展

市委、市政府坚持人口与发展综合决策、协调推进,将人口计生工作纳入全市经济社会发展总体规划,出台人口发展规划,组织开展人口发展战略研究。2007年,青岛市委、市政府出台了《关于全面加强人口和计划生育工作统筹解决人口问题的意见》,青岛市人口计生工作进入了稳定低生育水平、统筹解决人口问题、促进人的全面发展的新阶段。各级党委、政府对人口问题的认识更加全面,相关部门之间相互配合、综合治理人口问题的意识普遍增强,人口问题在国民经济和社会发展中的基础地位日益明显。

全面规范推进优生系列工程,提高出生人口素质。将全面推进优生工程纳入国民经济和社会发展规划纲要及人口发展战略研究,邀请有关专家对青岛市出生人口素质进行专题研究。联合市卫生局等 14 个部门出台了《关于全面推进优生工程的实施意见》,对科学化、规范化、系统化开展优生工作提出了明确要求,成立了优生工程领导小组,实行部门职责分工。建立财政投入的长效机制,在全省率先开展免费孕前优生健康检查。近年来,青岛市投入 1700 万元,组建青岛市人口和计划生育医院,建立孕前优生健康检查质检中心,理顺技术服务管理体制,12 个区(市)全部实现妇幼保健院与计划生育服务站合一,由人口和计划生育部门管理,为提高出生人口素质打下坚实基础。全市已有 6 万个家庭受益,筛查出高风险病例9762 例,检验合格率超过 80%。全省推进免费孕前优生项目工作会议在青岛召

开,推广了经验。

建立和完善性别比正常情况下的关爱女孩长效机制,推动出生人口性别比实现自然平衡。2006 年,14 个相关部门联合出台开展"关爱女孩行动"、促进出生人口性别比自然平衡的文件。今年市委宣传部、教育局等 16 个部门出台了《关于广泛深入开展"关爱女孩行动"全面做好综合治理出生人口性别比工作的意见》,进一步完善综合治理出生人口性别比的长效机制,将其纳入"一票否决"的范围。各级坚持"舆论先导、政策治本、法制保障、服务关怀"的思路,深入开展"关爱女孩行动",建立性别比正常情况下的关爱女孩长效机制,营造了有利于男女平等发展的社会文化环境。民政部门对农村低保中符合计生政策的独女家庭差额发放农村低保金后,每户每年再增发 400 元专项生活补助;各级妇联积极实施"春蕾计划",帮助女童完成九年义务教育;教育部门优先为贫困家庭的中小学女生减免学杂费、书本费和发放生活补助;卫生、药监等部门开展联合执法检查,加强对 B 型超声诊断仪等医学监测设备和流产药物的管理,严厉打击非法鉴定胎儿性别和选择性终止妊娠的行为。

积极应对人口老龄化,加大老有所养保障力度。今年 12 个区(市)党委、政府全部出台文件,解决独生子女父母退休后的一次性养老补助问题,有效解决了多年来一直困扰人口和计划生育工作的政策性历史遗留难题,惠及 5.8 万名退休人员。

党的十六大以来,青岛市人口总体素质有了显著提高。"十一五"末,全市人口平均期望寿命为 80.1 岁,婴儿死亡率为 3.48‰,出生缺陷发生率为 4.5‰;学前教育入园率达 95%,义务教育入学率达 100%、巩固率达 99%,高中普及率 94%,高等教育毛入学率达到 44%,普通高校在校生 30.6 万人。人口结构较为合理。"十一五"期间,青岛市劳动人口比例持续提高,达到 75%;少儿人口比例持续降低,降至 13.7%;老年人口增加到 126.96 万,占全市人口 16.63%,社会负担系数继续保持在较低水平;出生人口性别比基本保持在正常范围。人口城镇化水平继续提高。全市城镇化率年均提高 1.3%,2010 年达到 66.8%左右。劳动就业和社会保障事业取得新成效。社会从业人数超过 530 万人,城镇登记失业率控制在 4%以内。城乡居民社会基本养老保险参保人数达到 132 万人,全市城镇职工养老保险参保人数达 240 万人,城镇基本医疗保险参保人数达到 324 万人,新型农村合作医疗参保率保持在 99%以上。

树立"大人口"观, 履行"大人口"工作职能

近年来,青岛市人口计生委主动适应经济社会发展的需要,以科学发展观为统

领,跳出"就计划生育抓计划生育"的圈子,提出了以"和谐人口、诚信计生"为总抓手的"一、二、三、四、五"工作思路,紧紧围绕市委、市政府中心工作,积极探索以人口自身的和谐发展促进人口与经济、社会、资源、环境的全面协调可持续发展。

认真履行人口发展战略研究职能。组建人口与发展研究中心,围绕贯彻落实市委、市政府"环湾保护、拥湾发展""蓝色经济区"发展战略,开展人口发展功能区研究,平均每年完成30多项人口发展课题研究,举办2～3次人口与发展研究论坛,编发24期《人口要情》,将取得的重要研究成果和政策建议及时报市委、市政府及相关部门,为全市经济社会发展、加快蓝色经济区建设、实现蓝色跨越,提供人口发展的理论依据和数据支撑。

创新人口信息化建设。成立人口和计划生育信息中心,在全国率先建立业务应用、综合办公、决策支持、地理信息"四大应用系统",把全市870万全员人口、160万育龄妇女和52万部门人口信息纳入管理;基层配备2000多部3G智能移动终端,每天变更1000余条信息,实现各类人口信息的实时采集、处理和监控;在全省率先建立人口和计划生育视频会议系统,实现市级和12区(市)高清视频网络的实时对接,有效提升了行政效能和人口服务管理水平。

在全国率先优化户外人口文化建设。市政府出台《进一步优化人口和计划生育户外宣传环境实施方案》,实施"九个一"工程,实现了从单纯的计划生育标语式的宣传,向婚恋文化、生育文化和家庭文化建设的根本转变。全市已设置人口文化宣传一条街4199个,建立人口文化雕塑、主题绘画长廊2072个,设立人口文化主题公园79处,免费发放65万册人口文化科普丛书、宣传画,营造了良好的城市人文环境。中宣部等13部委授予我市"全国婚育新风进万家示范市"荣誉称号。

推进服务转型发展,提升家庭幸福指数

创新城市社区管理。强化社区、驻街单位管理服务职责,对12.3万家驻街单位实施分类管理,打造出社区综合管理、小型康乐企业、市场、楼宇、商业街、企业等分类管理服务示范点45个。已婚育龄妇女的管理服务率超过90%。

在全国率先推进均等化服务。市委、市政府出台《关于完善服务管理体制,推进流动人口计划生育基本公共服务均等化工作的意见》,公安局、卫生局等18个部门下发《青岛市流动人口计划生育基本公共服务职责任务分解》,在全市推广"新青岛·新市民·新家园"一卡通服务,流动人口凭服务卡享受11个部门和201家加盟单位提供的免费或优惠服务,全市已有190万人次流动人口受益。

在全国率先实施"和谐幸福家庭"创建工作,提升家庭幸福指数。联合宣传、民

政等 13 个部门下发《全面推进"和谐幸福家庭促进计划"实施意见》,全市 96.9% 的城市社区和 65.8% 的农村村居实现"和谐幸福家庭促进计划"全覆盖,已有 22 万人享受到 9 项促进服务,人口和计划生育基本公共服务实现从单纯的计划生育向婴幼儿早期教育、优生优育、中老年生殖保健等人的生命全程服务的根本转变。

建立避孕药具"物流直通车"发放机制。打造"零距离"服务品牌,减少中间流通环节,免费避孕药具通过物流从生产厂商直接送到 178 个镇(街),从源头上遏制浪费和流失,杜绝倒卖免费避孕药具的行为,真正让群众享受到安全、有效、便捷的免费避孕节育服务,提升计划生育服务机构的服务能力。

投入 3700 万元,建设副省级城市中首个国家级优生优育教育基地,打造出 3 个区(市)级、6 个镇(街)级计划生育优质服务示范站,孕前优生检查覆盖率达 71%,实现了优质服务提质、提速,为幸福城市建设服务。

(《青岛财经日报》2012 年 11 月 7 日 A21 版)

打造统筹解决人口问题的青岛模式

近年来,我市人口计生部门转观念、谋转型、促发展,全面建设"和谐人口、诚信计生",积极探索统筹解决人口问题的青岛模式,有效促进了人口长期均衡发展。截至11月底,全市户籍总人口为7692388人,合法生育率为97%,出生人口素质不断提高,出生婴儿性别比保持在正常范围内,人口年龄结构逐步改善,为经济社会又好又快发展创造了良好的人口环境。

完善机制,稳定低生育水平。一是完善目标责任考核体系。建立了七大考核机制,实行阳光、委托、分线、分类、分级考核,这一机制被确定为青岛市级优秀工作成果;实施了区(市)考核、镇(街)考核、村(居)考核、企业直考、明调暗访等形式,组织27批次,实现目标考核全覆盖;与市纪委、市委组织部等7个部门联合建立五级责任追究制度,下发通报102个,责任追究预警9个镇(街),实现责任追究无缝隙。二是在全国率先建立干部离任交接制度。联合市委组织部发文,建立党政主要领导离任人口和计划生育工作交接制度,镇(街)以上党政主要领导干部离任交接59人次。三是提升违法生育处理到位率。全市违法生育处理和社会抚养费征收全部实行个案网上监控;协调中国人民银行将强制执行对象纳入全国银行征信系统,率先实现信用管理;每周在市级媒体公示曝光违法生育人员,前三季度公示曝光117批次。目前违法生育处理率和征收到位率分别为92%、83%,达到历史最高点。四是深入城市社区、大企业和重点镇(街)、村(居)调研,开展九项专项治理行动,推动工作平衡发展。

全面实施免费孕前优生健康检查,大力提高出生人口素质。12个区(市)全部普及推广,在全国同类城市、全省17个地市中率先实现所辖县市区全覆盖,免费人群由国家规定的农村育龄妇女扩展到城镇常住人口,免费标准由国家规定的240元/例提高到400元/例,目标人群覆盖率、检验合格率、妊娠结局随访率均超过80%,已有4.54万人受益,预防出生缺陷4521例。在计划单列市中,我市被列入国家级试点单位的区(市)数量最多;在国家免费孕前优生健康检查项目检验质量评估中,我市有2个国家试点单位分别被评为优秀和良好。全省推进免费孕前优生项目工作会议在青岛召开,推广我市经验。

建立部门联动机制,促进出生人口性别比保持自然平衡。市委宣传部、市教育局、市人口计生委等16个部门联合出台了《关于广泛深入开展"关爱女孩行动"全面做好综合治理出生人口性别比工作的意见》,5 个相关部门联合建立实名登记等综合治理长效机制,12 个区(市)普遍开展"治理年活动",查办 26 例"两非"案件,出生人口性别比稳定在 107。

加强人口发展战略研究,促进人口长期均衡发展。市人口计生委每年完成 30 余项人口发展课题,加强人口发展战略研究,着力促进人口长期均衡发展;每年编发 20 余期《人口要情》,为市委、市政府及相关部门决策提供重要参考,为经济社会全面协调可持续发展创造了有利条件。

(《青岛财经日报》2012 年 12 月 15 日 A3 版)

青岛打好人口计生"民生牌"

青岛市坚持"抓人口计生就是抓民生"的工作理念,工作思路由控制人口数量向统筹解决人口问题转变,工作模式由管理型向服务型转变,真心实意为群众解难事、办实事,打好利益导向、优质服务、文化建设三张"民生牌",让计生家庭放心,让困难群众安心,让育龄群众舒心。

满足群众利益需求,打好"政策牌"。该市今年发放计划生育奖励扶助资金3530万元,发放计划生育特别扶助资金343万元,募集人口关爱基金910万元,发放救助金540余万元。在为农村合法生育妇女住院分娩补助500元的基础上,今年又对合法生育的户籍人口家庭及流动人口家庭再补助500元,并列入市办实事,已受益家庭达到4万余户。在全省率先实现免费孕前优生健康检查项目全覆盖,将国家240元的免费孕前优生健康检查标准提高到400元,已有8.7万人次受益。

满足群众健康需求,打好"服务牌"。在全省率先推行"和谐幸福家庭促进计划",打造200个示范点;青岛市98%的城市社区和60%的农村推行"和谐幸福家庭促进计划",基本建立了以社区(村)为基础,面向广大家庭,体现公益性,满足群众需求的人口和计划生育基本公共服务体系。在全国率先实行避孕药具"物流直通车"免费发放;推行网上预约、电话预约、第三方配送等制度,减少中间流通环节,方便群众,保护隐私权。推进流动人口均等化服务,从"大人口"角度出发,实行"党政领导、统一协调、部门履职、基层落实"的服务管理体制,建立了跨部门、跨系统的生产、生活、生育同步服务管理工作机制,实现了流动人口与户籍人口均等享有计划生育基本公共服务,近15万外来人口受益。

满足群众知识需求,打好"文化牌"。宣传教育实现"铺天盖地"。前三季度在市级以上媒体发稿858篇,为人大代表、政协委员及社会各界发信1万余封,免费发放张贴画3万余套,入户免费发放宣传品三类60万份。今年前三季度共开展大型户外主题宣传活动19次,播放公益宣传片2万余次,建立雕塑、主题绘画长廊2072个,设人口文化主题公园79处,建立了4264个宣传一条街,实现了户外宣传环境的人性化、艺术化、生活化。全市12个区(市)的党校均成立了人口教育基地,将人口理论、人口计生政策纳入教育培训内容,培训8.3万余人次。

(《人口导报》2012年12月17日1版)

人口文化扮靓岛城

走进美丽的岛城各地,图文并茂的人口文化长廊、人口文化主题公园等令人耳目一新,标有"和谐人口""婚育新风"字样的文明楼院、闪烁着霓虹灯的幸福家庭计划指导中心、活跃在街头的文艺演出等,构成一道道靓丽的国策风景线,既扮靓了岛城的大街小巷,给人以美的享受和文化熏陶,又使人们在潜移默化中转变了婚育观念……

近年来,青岛市以"大人口"为统领,积极探索以先进的人口文化理念开展入脑入心的宣传。市人口计生委围绕"和谐幸福家庭促进计划"提出"六个文化建设",从家庭文化、婚恋文化、育婴文化、生育文化、性文化、老年文化六个方面组织创作群众喜闻乐见的人口文化图书、音像制品等,大力实施"一网、一刊、一栏、一幕、一街、一品、一册、一页、一信""九个一"工程,努力为城乡家庭和育龄群众提供基本公共文化服务,联合宣传、文化、教育、妇联等部门,开展了人口文化文艺调演、"独生子女才艺展示""改革开放 30 年话计生演讲竞赛"等丰富多彩的人口文化活动,推动人口文化建设走上了"大合唱、大联合"之路。各区(市)将人口文化建设纳入城乡建设整体规划,融入特色街文化、社区文化、校园文化、厂企文化和机关文化建设中,结合地方特色建设人口文化街,在基层社区和村庄建立人口文化长廊、人口文化广场等,形成了"一镇一品""一街一景""一村五画"等具有浓郁人口文化特色的建筑景观,成为岛城一道道靓丽的风景线。

今年年初,我市印发了《关于进一步优化人口和计划生育户外宣传环境实施方案》的通知,全市各级坚持贴近实际、贴近生活、贴近群众的原则,以能够满足群众需求、深受群众欢迎为标准,把人口文化建设上升到艺术的高度,全面融入青岛的城乡建设,以漫画、灯箱等温馨宜人、新颖美观的形式,在 100 多个镇(街)打造"生育文化特色街",将基本国策、政策法规、《中华生育文化五千年》和《华夏人口家庭溯源》系列宣传画制作成展板或直接绘在墙上,建成图文并茂、"会说话的"人口文化墙,使之成为传播新型生育文化的辐射源。

(《青岛财经日报》2012 年 12 月 18 日 A3 版)

计生家庭优先分享改革发展成果

近年来，我市围绕"少生奖励、服务免费、待遇优惠、贫困扶持、困难救助、社会保障"等方面抓好人口计生惠民政策的完善和落实，让计生家庭优先分享改革发展成果。

全面落实独生子女待遇。今年 12 区（市）党委、政府全部出台文件，解决 5.8万失业、无业、退休人员一次性养老补助问题。全面落实农村部分计划生育家庭奖励扶助制度。对农村年满 60 周岁的独生子女和双女家庭的父母，每人每年给予960 元奖励扶助金；对符合生育第二个子女条件、自愿终生只要一个孩子的家庭，由夫妻双方所在单位分别发给不低于 500 元的一次性奖励，对农民和城镇无业人员，由所在区（市）政府或镇政府（街道办事处）、村（居）三级给予不低于 1000 元的一次性奖励。今年市人口计生委联合市政府法制办，建立部门政策出台审查机制。新农合、医疗费报销等普惠政策与计划生育政策的衔接得到加强，独生子女享受不同程度的报销比例优惠。

实行免费计划生育基本项目服务。通过送药具上门、自取、电话预约、自助发放机、"一证通"、快递到户等多种药具发放形式，免费发放避孕药具；免费开展人口计生宣传教育、生殖健康促进等；12 区（市）全部实施免费孕前优生健康检查，免费人群由国家规定的农村育龄妇女扩展到城镇常住人口，免费标准由国家规定的240 元/例提高到 400 元/例；实施育龄妇女住院分娩补助政策，自 2012 年 1 月 1 日起，对符合国家计划生育政策生育且符合条件，在具有资质的助产机构住院分娩的妇女，给予 500 元补助。

为独生子女家庭和双女贫困家庭制订帮扶脱贫计划，每年按一定比例、分期、分批优先提供扶贫项目、技术指导、生产资料、经营场所和小额贷款，在发展生产、增加收入方面给予重点扶持；对独生子女死亡后未再生育或合法收养子女的夫妻，给予每人每月不低于 135 元的扶助金；对独生子女伤残、病残后未再生育或收养子女的夫妻，由政府给予每人每月不低于 110 元的扶助金；对农村低保家庭中符合计划生育政策的独生子女死亡后未再生育且未收养子女的家庭，按当地农村低保标准的三分之一增发专项生活补助，对农村低保中符合计划生育政策的独女家庭差额发放农村低保金后，每户每年增发 400 元专项生活补助。

将国家规定的基本项目的免费计划生育技术服务纳入生育保险范围，使城镇职工生育保险待遇不断提高,使保障范围不断扩大;特困职工家庭和享受城镇居民最低生活保障待遇的家庭中参保的独生子女及父母,其个人缴费部分由财政全额补助;对于参加医疗保险的独生子女住院医疗、门诊大病医疗、意外伤害门急诊医疗的费用,其基本医疗保险基金支付比例比其他少年儿童增加 5%;建立农村基本养老保险制度,凡参加社会养老保险的村集体对独生子女父母的补助金额均高于对其他参保成员的补助金额。

（《青岛财经日报》2012 年 12 月 19 日 A2 版）

创新服务管理机制，
推进流动人口均等化服务

近年来，我市不断创新流动人口服务管理机制，深入推进流动人口均等化服务，增强了流动人口的城市融入感和归属感，积极为建设宜居幸福的现代化国际城市做贡献。

2011 年，市委、市政府下发《关于完善服务管理体制，推进流动人口计划生育基本公共服务均等化工作的意见》，已有 190 万人次新市民享受"宣传教育、免费技术服务、生育登记和优生促进、奖励优待、困难救助、便民维权、社会保障和优先优惠"七个方面的均等化服务。

2012 年，市人口计生委与市财政、公安、教育等 17 个部门联合下发了关于《青岛市流动人口计划生育基本公共服务均等化职责任务分解》的通知，明确了各职能部门提供的具体服务项目。流动人口在孕期和分娩过程中与户籍人口享受同等服务，流动人口享有国家规定的传染病防治、儿童计划免疫等基本公共卫生服务；符合条件的流动人口的子女可按规定参加城镇居民基本医疗保险，失业半年以上的符合条件的流动人口可领取失业保险金；符合入学条件的外来务工人员子女与本地学生平等接受义务教育，符合条件的流动人口困难家庭可申请包括学前教育在内的各学习阶段政府助学金；在工商注册登记和其他服务方面，为流动人口提供与户籍人口相同的待遇；将流动人口职工纳入困难帮扶范围；向符合法律援助条件的包括流动人口在内的困难群众提供法律援助等一系列均等化待遇。

在全市普及发放"新青岛·新市民·新家园"服务卡，推进流动人口均等化服务。流动人口持卡享有与户籍人口同等的计划生育惠民政策及社会保障等 10 个部门的服务项目、203 家社会加盟单位的免费或优惠服务，已有 44.09 万人次受益。

（《青岛财经日报》2012 年 12 月 20 日 A2 版）

青岛市倾力打造"廉洁计生"

近年来,青岛市人口计生委认真学习贯彻党的十八大和中央、省市纪委全会精神,紧密围绕全委中心工作,认真解决群众反映强烈的突出问题,以反腐倡廉的实际成效,推动全市人口计生事业持续、健康、稳定发展,为推进"廉洁青岛"建设营造良好的人口环境。

加强教育,增强党员干部廉洁自律意识。一是组织全委干部职工深入学习贯彻党的十八大和中央、省市纪委全会精神,认真学习《中国共产党党章》《中国共产党党员领导干部廉洁从政若干准则》等,组织开展学习测试、学习体会交流等,提高党员干部严格执行党纪条规的自觉性。二是通过组织专家辅导、观看警示教育片、在《青岛财经日报》开设"廉政之窗"专栏等形式,强化党员干部的党性宗旨意识、廉洁从政意识、风险防范意识,增强反腐倡廉教育的针对性和实效性。三是把廉政文化纳入机关文化建设总体规划,作为精神文明创建活动的重要内容,大力开展廉政文化进机关活动。利用宣传画和网络信息技术,大力营造促进廉洁的良好氛围,不断增强党员干部拒腐防变的能力,争创全市廉政文化示范点。

完善制度,抓好惩防体系建设。坚持民主集中制,严格执行集体领导、民主集中、个别酝酿、会议决定的工作流程,确保决策程序和流程规范、有序;制定并出台《关于"贯彻落实中央八项规定转变作风、改进工作、厉行节约"的意见》《关于2013年党风廉政建设和反腐败工作的意见》《作风纪律问责办法》等,严格执行廉政准则,加强廉洁自律,对违反规定用公款超标准、超规格接待,利用职务或工作之便接受基层或服务对象宴请或收受礼金、礼卡、礼品以及有其他不廉洁行为等,问责当事人;建立和完善内部管理制度,财务管理严格实行"五级审批、五级报批"制度,真正实现用制度来管事、管人、管权,形成"管理规范、职责明确、办公文明、运行有序"的机关工作秩序。

强化监督,从源头上杜绝腐败问题。认真落实《市纪委、市监察局归口派驻机构对驻在部门(单位)实施"三重一大"事项监督办法》,主动汇报工作,自觉接受事前、事中、事后全面监督;加强对政务公开等业务管理制度,对财务管理、政务接待、公务用车、车辆管理等后勤管理制度以及党务人事管理制度落实情况的监督检查;深化岗位廉政风险防控,加强对重点对象、重点环节、重要岗位的防控管理,理清职责权限,查找廉政风险,强化监督,进一步完善考核机制、督查机制、内部管理机制、干部考核评价和激励保障机制,推进体制机制创新,堵塞体制机制上的漏洞,更有效地从源头上预防和解决腐败问题。

(《青岛财经日报》2013 年 5 月 22 日 A17 版,李红军、陈素平、于波)

优势互补惠民生

一楼大厅人流穿梭不息；二楼乳腺病区病房当天入住 22 位乳腺病患者；三楼计划生育门诊四个诊室聚满了就诊的患者，候诊室里还有七八位妇女正在候诊……5 月 28 日，市人口计生医院和市立医院集团联合开业当天，笔者在市人口计生医院看到这样一番景象。

在三楼候诊室，笔者和几位患者进行了交谈，这些患者大多是来接受计划生育手术、等候进行乳腺及妇科疾病检查和治疗的，也有因不孕不育前来求医的。来自菏泽的孔女士告诉笔者，她在岛城务工、成家，因月经不规律，婚后 3 年多一直未孕，经人口计生医院大夫调治后，月经已经很规律了，这次来是为了检测是否具备受孕条件。当笔者询问为何选择来这里就医，几位妇女几乎异口同声地说："这里的环境好，大夫的服务态度好，技术更专业……"

据介绍，为了发挥强强联合作用，实现优势互补，更好地服务民生。前不久，市人口计生医院与市立医院集团签署合作意向书，就充分发挥市人口计生医院的资源和网络优势、市立医院集团的技术优势，促进共同发展，达成合作意向，共同开展计划生育、优生优育、生殖健康服务，搭建公共服务的高端平台，目前，侧重于乳腺疾病的筛查、治疗。开业当天，不少患者慕名而至。乳腺病区一天有 22 位患者入院，市立医院集团院长李扬亲自主刀，当天成功进行了 4 例乳腺病常规手术。

"在乳晕这个位置切几毫米切口，患者无痛苦，不需要缝合，不留疤痕，不影响美观……"在市人口计生医院 B 超室，市立医院乳腺外科主任孙梅详细介绍了乳腺微创手术的优势。对于 2 cm 以下的良性乳腺肿瘤，孙主任建议在 B 超引导下实施局麻无缝合微创手术。因其切口微小、隐秘，手术时间短，疼痛轻，术后即可自由活动，备受年轻女性青睐。5 月 28 日开业当天，已有多名年轻患者预约了微创手术。

据悉，下一步，市人口计生医院和市立医院集团在继续做好乳腺疾病筛查、治疗的同时，将同时开展宫颈疾病的检查、治疗，共同将"两癌"的筛查及后续检查治疗作为特色项目做大、做强。

（《青岛财经日报》2013 年 6 月 5 日 A17 版）

组织全覆盖,服务零距离

随着城市化进程的不断加快,流动人口、人户分离等现象给城市人口计生工作带来许多难题。为此,青岛市各级计生协会把城区和流动人口计生协会建设作为群团组织履行社会协同责任,创新流动人口服务管理的重要内容,不断扩大流动人口计生协会工作覆盖面,到"十二五"末将基本实现全覆盖,推动流动人口计生服务管理上水平。

据了解,2010年以来,青岛市计生协会先后制定并下发了《青岛市企业和流动人口计划生育协会工作规范》《关于进一步加强城区和流动人口计生协会工作的意见》,按照"全面覆盖,不留空白;因地制宜,灵活多样;融入属地,互联互补;贴近需求,开展服务"的原则,组建不同形式、不同类型的计生协会组织。例如,在企事业单位或社会组织规模不大、数量较多、相对集中的地域以及经济区、工业园区、商业一条街、特色街等街区组建计生协会联合会;在已婚育龄人员100人以上的各类企事业单位、集贸市场、流动人口公寓等相对独立的单位,单独建立计生协会;在同一地域流出的流动人口聚集地,组建同乡计生协会。目前,全市共有6种形式的计生协会组织,计生协会工作覆盖面超过90%。

新市民较多、"楼宇经济"比较发达的市南区,在全市率先成立了新市民计生协会组织,通过开展"外来妹课堂"、法律维权、技能培训、健康知识讲座等活动,建立"新市民服务驿站""新市民博客网"等形式,不断扩大计生协会的凝聚力和影响力,推动新市民真正实现自我管理、自我教育、自我服务。截至目前,市南区共举办插花技能、公关礼仪、特技表演等项目的比赛103场次,开设的"小陈热线"在岛城享有很高的美誉。针对楼宇单位人员素质较高、情况比较复杂等特点,成立协会联合会,在大型商务楼宇建立"红色会所",并面向社会招聘计生协会志愿者,将其作为街道计生联络员,提高楼宇单位的计生管理服务水平。

"有计生志愿者的服务,我们省事多了,可以集中精力抓生产……"山东机械进出口公司的工会主席张玉凤在电话里一个劲儿地夸奖计生志愿者辛悦卿。辛悦卿是市南区香港路街道计生办特聘的楼宇单位计生专职联络员,也是一名热心服务的计生协会志愿者,专门负责对楼宇单位的计生工作进行日常指导与服务。每到一个单位,她首先摸清单位的用工人数及人员的婚育状况,督促法定代表人与街道签订责任书,落实计划生育责任,帮助规范档案管理,并针对不同育龄人群的需求提供相关服务,有效杜绝了部分单位外来务工人员底数不清、人员漏管的现象,提高了职工的生殖健康水平。在试点的香港中路街道黄金广场写字楼,联络员上岗仅半年时间,在片长新华锦集团计生干部和物业公司的协助下,组织41家单位与街道签订了责任书,与106家单位签订了协议书,指导158个单位规范了计生档案,落实了计生奖励优待政策,维护了楼宇单位员工的合法权益,有效提高了城区和流动人口的计生管理服务水平。

市北区立足区情,探索建立特色街区、商圈"1+1"基层计生协会组织模式,即计生协会实行商会、协会交叉任职,各商会会长兼任计生协会会长,发挥商会人员与业户和从业人员关系融洽的优势,将商会人员发展为计生协会理事、会员,在街道计生协会的具体指导下开展驻街单位和流动人口的计划生育宣传服务工作。按照这一模式,市北区计生协会首先在登州路街道进行了试点。依托啤酒街商会、婚纱街商会建立了特色街计生协会,依托南山市场商会建立了青岛市首家完全由私营个体业户自治的计生协会,进而在即墨路、辽宁路、台东、辽源路、中央商务区等六大商圈管委会也相继建立了计生协会。

"上为政府分忧,下为百姓解难。"在市北区南山市场,计生协会会长王进自豪地告诉记者南山市场成立计生协会的初衷。提起南山市场,岛城市民曾对那里缺斤少两的"鬼秤"直摇头,但如今不同了。据介绍,南山市场自2011年起,相继成立商会、计生协会,发展业主为会员,签订诚信承诺书,在业主中开展了"诚信之星"活动,会长王进亲自督查缺斤少两的现象,并用录像机录下,随时曝光,商业信誉逐步建立起来了,业主们也践行了"诚信计生"的工作要求,纷纷成为自觉遵守计划生育政策的模范。

近年来,全市各级计生协会不断深化生育关怀行动,积极参与"和谐(幸福)家庭促进计划",依托社区"家庭计划指导服务中心",开展"九个促进"惠民服务,募集人口关爱基金1960万余元,对包括流动人口在内的5434户计生困难家庭实施了救助,提升了岛城市民的幸福指数。

(《青岛财经日报》2013年6月26日A19版)

青岛市多措并举关爱计生特殊困难家庭

　　近年来,青岛市人口计生委、市计生协会把关爱计生特殊困难家庭作为重要民生工程,进一步完善对计生特殊困难家庭的扶助政策,实施计生特殊困难家庭帮扶模式探索项目,努力使计生特殊困难家庭生活受照料、精神得抚慰、健康有保障。

　　青岛市人口计生委联合市财政局、市人社局等有关部门出台了《关于加强计划生育特殊困难家庭保障工作的意见》,提高对计划生育特殊困难家庭的救助标准。自今年 1 月 1 日起,对符合条件的独生子女死亡家庭,特别扶助金标准由现在每人每月 135 元提高到每人每月不低于 500 元;对独生子女伤残、病残后未再生育或收养子女的家庭,特别扶助金标准由现在每人每月 110 元提高到每人每月不低于 150元。同时,建立计划生育特别扶助金动态调整机制。

　　青岛市人口计生委、市计生协会联合出台了《关于关爱独生子女死亡家庭行动的意见》,号召各级政府有针对性地开展走访慰问、困难救助、精神慰藉、再生育服务、特别扶助和家庭照料等系列关爱行动,独生子女死亡家庭的市级救助金额在往年每户救助 3000 元人口计生公益金的基础上,增加为人口计生公益金和人口关爱基金两部分,每户救助 6000 元,区(市)按照不低于 1:1 的比例实施配套救助,努力使全市独生子女死亡家庭普遍得到关怀和救助。截至 10 月底,今年全市共募集人口关爱基金 1668.853 万元,救助计生特殊困难家庭 5751 户,发放救助金 1114.67万元。利用市级公益金救助了 37 户计生特殊困难家庭,发放救助金 12.4 万元。

　　深入开展"手拉手、心连心、送温暖"结对帮扶救助计生特殊困难家庭活动。市人口计生委、市计生协会 40 名在职干部与即墨市田横岛省级旅游度假区 7 个村 40户计生特殊困难家庭结对帮扶,为计生特殊困难家庭送去关爱、救助和温馨祝福。

　　扎实开展计生特殊困难家庭帮扶模式探索项目。制定项目实施方案,确定220 户目标人群、预期目标、预期产出、主要活动等,在摸清目标人群基本信息和心理需求的基础上,邀请有关专家从心理学、语言交流沟通技巧以及项目操作等方面,对全市计生协会常务(专职)副会长、秘书长及项目骨干或志愿者进行了专业培训。各区(市)结合实际也组织了相关培训,有针对性地对目标人群开展走访慰问、心理疏导、帮扶救助等,使其在精神上有所寄托,生活上得到照料,健康有保障。

　　　　　　　　　　　　　　　　　　　　　(《中国人口报》2013 年 12 月 5 日 1 版)

呵护心理健康，助力家庭幸福

50 多岁的张先生是青岛市市北区某事业单位的职工，前不久他刚满 18 岁的独生子因病突然离世，张先生痛不欲生，整天闭门不出，无法正常工作、生活。市北区计生协会得知后，在给予张先生经济救助的同时，组织心理咨询师董汪洋到他家中为他进行心理疏导。董汪洋一见张先生就给了他一个深情的拥抱，使他情感上得到了安慰，然后指导他进行背沙袋训练。经过半个多小时的训练，张先生感悟到："人生只有放下一些东西，才能轻装上阵。"经过一段时间的心理疏导，张先生逐渐接受了现实，走出阴霾，重新鼓起生活的勇气。

近年来，像张先生这样的心理疾病患者，在市北区有 400 余例，不少计生特殊人群不同程度地患有心理疾病。市北区计生协会针对这些有心理健康问题的特殊人群，组织心理咨询师做志愿者，开展心理问题咨询指导服务，采取积极、有效的预防和治疗措施，提升这些心理疾病患者个人和家庭的幸福指数。

"今天我心里很温暖，有那么多小朋友喜欢我，原来我也有好多优点……"在市北区辽源路街道登北社区董汪洋心理咨询室，笔者看到陈佳佳小朋友在笔记本中写下了这样的心得体会。陈佳佳是经心理咨询师志愿者董汪洋治疗康复的患者之一。据董汪洋介绍，陈佳佳以前性格比较孤僻，不喜欢和别的小朋友一起玩，自己玩沙滩游戏总是摆上正在射击的士兵模型，有时和小朋友吵架，也会表现出明显的暴力倾向，父母为此很伤脑筋。董汪洋便组织他和小朋友做"戴高帽"游戏，他站在中间，让小朋友们指出他身上的优点，当小朋友们说他有"聪明、勇敢"等优点时，他听了心里暖洋洋的，开始默默思考别人身上的优点，尝试主动和小朋友们打招呼，性格逐渐变得开朗、活泼起来。

有些新市民家庭经济困难，孩子个性偏激，有的抱怨父母、抱怨社会，有的甚至有仇富心理，市北区计生协会便组织这些新市民子女参加冬令营、夏令营活动，邀请心理咨询师志愿者为他们普及心理健康知识，辅导他们学习《弟子规》等经典作品，让他们懂得感恩父母、感恩老师、感恩社会，引导他们健康、快乐地成长。

（《人口导报》2014 年 8 月 11 日 2 版）

青岛卫健委广泛普及健康知识

春节将至,家人朋友相聚,免不了吃吃喝喝,怎样吃才健康? 怎样选择年货? 节日期间如何防范传染病? 1 月 17 日正是农历的小年,青岛市卫生健康委邀请有关专家就上述问题做了专题讲座,并现场发放了《中国公民健康素养 66 条》《中医养生保健文化知识》《健康饮食实践手册》等宣传资料,组织健康素养知识有奖竞答,为广大市民朋友送上一份健康厚礼。

首先,青岛大学营养健康研究院院长、博士生导师马爱国以"合理膳食促健康"为题,分析了目前存在的不当饮食带来的各种健康问题,建议广大市民朋友按照《中国居民膳食指南》去吃,食物尽量多样化,以谷类为主,粗细搭配;多吃蔬菜、水果;多喝豆奶,肉、蛋类适量,尤其是红肉不要过量;少饮用含糖饮料,适当补充营养强化食品、营养补充食品等。强调要低盐、少油,每日油的摄入量不超过 25 g,盐的摄入量不超过 6 g。

围绕如何选购放心的年货,餐饮管理专家靳晓梅教授着重讲解了食品标签知识,普及了《中华人民共和国食品安全法》等相关法律知识,帮助大家甄别哪些食品标签符合法律法规,了解相应的食品安全标准规定,选择安全、放心的食品。

青岛市疾病预防控制中心、青岛市预防医学研究院姜法春就春节期间如何防范传染性疾病,从"了解传染病、防范传染病、流感是咋回事、旅行卫生健康"四个方面予以详细讲解,并送给大家防病"十二招",帮助大家从源头上杜绝传染性疾病,健康幸福过大年。

来自街道和社区的市民代表、部分医疗机构、食品生产企业、各相关行业协会(学会)等 300 余人参加了讲座。

（《人口健康报》2020 年 1 月 23 日 1 版）

关键时刻，党员干部就要冲在前面！

在新冠肺炎疫情阻击战中，岛城广大党员干部不分白天黑夜，不惧风霜雨雪，一直冲锋在前。他们24小时在社区坚守，保居民安康；走上街头张贴疫情防控宣传资料，普及健康知识；挨家挨户走访、慰问；为孤寡老人、空巢家庭送温暖。哪里有需要，他们就出现在哪里。

在青岛市市北区佳木斯三路和绍兴路交叉路口，市北区城建局、科协的党员干部，每天早晨8点前准时到岗，为进入居民区的人员测体温，对外来车辆进行登记，不漏一人，不落一车，守护着居民的健康。他们每次到岗后，一站就是5个多小时，直到下午1点才与社区志愿者换岗。

市北区佳木斯一路和绍兴路交界处有一处完全开放的小区，没有物业管理，人流量、车流量却很大。市北区城建局选调党员干部，从2月9日起24小时轮流在此值守。承担夜间值班任务的都是男同志，晚上7点到岗，需要坚守到早晨7点，夜深人静没有人出入的时候，他们便到路边的简易帐篷里小睡一会，帐篷四面透风，夜间彻骨寒，有私家车的同志只好到自己车里暖和一会。参与这项艰巨执勤任务的小王、小董都是"90后"，研究生学历，中共党员，去年7月份通过"青选计划"层层选拔，考入市北区城建局。经过这段时间的磨炼，他们更加成熟了，都表示国家有难，自己能出一份力，感到很自豪。作为一名党员，就应该在关键时刻站出来保护人民的安康！

已近花甲之年的肖继信是市北区辽源路街道南京路社区书记。南京路社区是一个有近5000户居民的大社区，只有6位社区工作者、1位临时工。其中，有5名党员，1名入党积极分子。从大年初二开始，肖书记带领一班人各分一个片区，逐户联系、走访社区居民，忙得连停下来喝口水的时间都没有。由于一直连轴转，几乎所有人都累病了，反复感冒、流涕，但面对严峻的形势，他们不敢也没时间休息，一直带病坚持工作。为了给大家创造一个良好的工作环境，肖书记每天早晨8点前就来到办公室，打扫好卫生，做好开窗通风、消毒等工作；8点半前，做好外地返青人员的情况汇总，填好报表；8点半到办事处上班。肖书记以自己的实际行动为大家树立了榜样。

曲双本是市北区辽源路街道南京路社区的副书记，也是一名年轻的退伍军人。疫情发生后，他依托"党群e家"平台，做好防疫宣传、摸排等工作，第一时间在微信群里召集公益岗位的同事封闭居民小区,面对苦活、累活不退缩,主动承担;建立党支部书记微信群、居民楼长微信群,每天转发党建等信息,弘扬正能量,调动楼长的积极性,摸清居民底数;组织社区党员干部积极为群众排忧解难、募捐等。他说,最使他感动的是那些老党员,他们每次都踊跃捐款,不会使用手机汇款,就让子女来操作,少的200元,多的500元,从来没有一人落下。

　　68岁的刘桂美是市北区辽源路街道伊春二路社区的一位居民楼长。她退休后一直热心公益事业,邻里之间谁家有难处,她总是第一个伸出援手。疫情期间,她不仅主动到小区门口义务执勤,还主动帮助独居老人购物,深受社区居民的好评。

　　石东清、张泽香等老党员也是伊春二路社区的居民,70多岁了却老当益壮,自告奋勇到居委会帮忙,到社区门口执勤。社区领导不忍心让他们太辛苦,便安排他们每天轮流执勤2小时。当别人问他们图什么,石东清老人坚定地回答:"每个党员都是一面旗帜!关键时刻,我们党员就要冲在前面!"他的回答令所有人肃然起敬。

（青岛卫生健康微信公众号2020年3月7日）

秋日情浓

在一日又一日的秋雨里,寒意渐渐浓了起来。这段时间,一天中昼夜温差达10多度,这种温度波动最易诱发心血管疾病。为切实保障百姓安康,9月4日下午,青岛市卫生健康委、半岛都市报半岛公益联合主办的"健康知识进农村活动"走进崂山区王哥庄街道张家河社区,为当地居民送健康、送服务,也送去深情关怀。

针对立秋后青岛的气候特点和农村地区的一些常见病、多发病,青岛市卫健委组织了青岛市第八人民医院、青岛市疾病预防控制中心、青岛公交集团市北巴士有限公司、山东航空鲁雁乘务组志愿团队、崂山区有关医疗机构医护人员和志愿者,在张家河社区现场普及健康防病知识,对立秋后容易发生的心脑血管疾病、胃肠病等的预防和治疗提供专业指导。

倡导健康生活方式,提高居民的健康意识和保健水平

在活动现场,志愿者为居民发放了健康扶贫政策、健康知识科普材料等,倡导健康生活方式。来自青岛市第八人民医院急诊外科的副主任医师薛乔升首先给居民讲解了口罩的正确戴法,并现场对居民进行了规范指导。山东航空鲁雁乘务组志愿团队现场教居民做养生保健操,深受广大居民的欢迎。

崂山区王哥庄街道社区卫生服务中心与张家河社区签订了"市民健康大学堂"授课协议,崂山区王哥庄街道社区卫生服务中心将定期进村入户,为村民开展健康教育,倡导健康生活方式,从根本上提高农村居民的健康意识和自我保健水平。

加强预防保健,专家现场指导、入户诊疗

医务专家现场为居民提供日常保健咨询指导和诊疗服务。92岁的付阿姨说自己的气管不太好,青岛市第八人民医院内分泌科主任医师刘淑娟发现付阿姨的听力不好,就趴在她的耳朵边问诊,对她的用药予以指导,并嘱咐她:立秋后要预防感冒,不要受凉,以免加重病情;同时要低盐饮食,勤喝水,多吃蔬菜、水果等。她感激得连连点头道谢。65岁的江大爷颈椎不好,这次带着病历来让专家诊治,青岛市第八人民医院急诊外科的副主任医师薛乔升看完他的病例后,现场给予康复训练指导,并建议他到医院进一步诊疗。

　　于桂枝、张维忠、张维杰三位老人都患有严重的高血压、心脑血管疾病,行动不便。青岛市第八人民医院中医科主任医师王成喜等专家,先后来到三位老人家中,给予详细诊治,并约定后续治疗的具体事宜,老人及其家属都很感激。

(《中国人口报》2020 年 9 月 23 日 4 版)

优教需要有优良的家风

俗话说"望子成龙之心人皆有之"。随着物质、文化生活水平的提高,家长们纷纷为孩子花重金进行教育投资,有的不惜高薪聘请家庭教师,但往往没收到理想的效果。于是,家庭教育成为当前的热门话题。有关专家总结了许多成功的家庭教育,其最根本的原则与最有效的方法就在于,努力优化家庭教育环境,树立良好家风。

一般而言,家庭教育环境包括物质环境和精神环境两个方面。物质环境指吃、穿、住、行、用等,精神环境指家庭成员间的人际关系、文化修养、道德情操等。诚然,优越的物质环境对孩子的教育和培养是有利的,但对其身心发展起决定作用的还是精神环境。在现实生活中经常可以看到,有些家庭虽然物质条件十分优越,但并不幸福,而且子女很少有出息;而有些家庭虽然并不富裕,但子女照样成才,究其原因是家教不同。而家风,则恰恰是指家庭中的精神环境,是家庭成员共同拥有的相似的生活情绪、思维方式、人格模式、言行表现的总称,也是家庭成员文化修养、人际关系、人格情操等的具体表现。我们在走亲访友时常有这样的体会:有的家庭生活清贫,但精神富有,摆设不多,却雅趣共赏、井然有序,人际关系和睦、亲密,为人处事文明礼貌;而有的家庭生活富裕,但精神空虚,用品豪华,却杂乱无章,家庭成员间关系紧张,言谈举止轻浮、庸俗。

家风虽是无形的、潜在的,但对孩子的成长起着巨大的作用。它是孩子行为规范的自动"调节器",更是孩子道德情操的"天然熔炉"。家风端正的家庭中,其子女成才率高,犯罪率低。家风还具有传承性、延续性。凡是在家风良好的家庭中成长起来的孩子,将来也容易成为合格的家长。反之,则后果堪忧。试看那些嗜赌如命、打架成风的家庭,有几个孩子能够成才呢? 真是家风不正毁了孩子。

为培养孩子成为全面发展的人才,家长首先必须做表率,树立榜样的力量,使孩子在耳濡目染、潜移默化中受到良好的影响。创造和睦、友爱的家庭氛围,形成互相关心、民主、平等、尊老爱幼、文明礼貌的家风,让孩子在和谐、温馨的家庭环境中健康成长。同时,美化家庭环境,努力使家庭的每个角落都发挥出最佳的教育功能。不妨让孩子自己动手布置一个整齐、优美、充满生机与活力的属于自己的小天地,让孩子从小养成热爱劳动和学习的优良品质与井然有序的办事作风。

(《青岛日报》1999 年 10 月 23 日 11 版)

学会赏识孩子

"五一"长假,我和几个朋友带着孩子们去森林乐园玩了一天。这里有孩子们喜爱的碰碰车、晃桥、平衡木、吊床,还有老少皆宜的钓鱼等项目。朋友们在一起,边玩边聊着天,很开心,也很有收获。其中,感触最深的要数孩子们走晃桥了。

由几十根铁棍做成的秋千排在一起便成了晃桥。晃桥底下是溪水,游人可手扶铁秋千在晃桥上行走,但需掌握好身体的平衡,把握不好,很容易掉到溪水里。我们来到桥前排队,几个孩子抢在前面,雪雪、瑜瑜小朋友率先顺利通过了,轮到老李的儿子强强了。老李满腹忧虑地在一旁嘀咕:"你能行吗? 不如先去走平衡木练习练习。"强强已成功地迈出了两步,他又在旁边指点:"手往上放,脚别踩在两个杆上! 不是那样,真笨!"话音没落,"扑通"一声,强强掉下去了,老李又痛惜又生气地数落:"说不让你上,你偏上! 把鞋湿了再怎么穿?!"强强委屈地哭了:"我本来走得好好的,你喊我干吗? 不是你在一旁瞎叨叨,我能掉下去?!"朋友们急忙近前安慰孩子,有的忍不住责怪老李对孩子干预太多。

该我儿子刘煊上阵了,他一直在犹豫着:上,还是不上? 这孩子生性胆小,从小平衡能力较差,能不能行,我心里真没底。旁边的侯老师鼓励他说:"没问题,小伙子,你准行!"我便也壮着胆子说:"上吧! 刘煊是最棒的!""好,上就上!"儿子总算迈出了可贵的第一步。我见他的手有些抖,心里十分担忧。"一步,两步,三步……"儿子艰难地往前挪着步子,我则提心吊胆地数着。终于,接近终点了。我跑到对面向儿子伸出了大拇指。迈过最后一根秋千,儿子高兴地扑进我的怀里,如同参加一项重要的运动会,我激动得流出了眼泪。这时,侯老师和几个朋友也凑过来祝贺:"刘煊,你真棒!"就这样,儿子越战越勇,和别的孩子一起,走了一遍又一遍,越来越熟练。曾掉下水的强强也不甘示弱,脚穿湿鞋,重新上阵,终于稳当地走过了晃桥。

看着孩子们玩得那么欢,朋友们感慨万千,我则不由得想起曾经听过的一次关于赏识教育的报告会。如果我们都能以教孩子学说话、学走路时的良好心态,以欣赏的眼光来鼓励、引导孩子做任何一件事情,把孩子的每一个微小的进步都当成孩子人生的一次巨大飞跃,孩子怎会不成材呢? 当然,既要欣赏孩子的过人之处,又要正视孩子们之间的差异。其实,这只是一种思维方式的转变,却能给人带来意外的惊喜。引导儿子走晃桥使我尝到了赏识教育的甜头。家长朋友,请赏识您的孩子吧。

(《青岛日报》2001 年 5 月 26 日 11 版)

让孩子知点家情好

儿子今年 9 岁了。前几天,他一直想买一个玩具,我领他到商店转了转,他相中了一个坦克,托在手里左看右相,爱不释手。但正当我要掏钱给他买的时候,他突然惊叫起来:"哇! 60 多块,太贵了。妈妈,我不要了。""不要了?"此刻,我心里酸酸的,但也颇感欣慰。以前这孩子看中东西可不管贵贱,这回总算也懂得节约了。

近几年,孩子的爸爸一直在上学,我们家的日子过得相对拮据些,但在孩子的吃、穿、用方面从来不比别人家的孩子差。我总觉得日子过得再紧,也不能苦孩子,而且我总认为,孩子小小年纪,不应让他了解家里的事,免得背上思想"包袱",只要他吃饱喝足、玩得快乐就行了。为了弥补他爸爸不在家的缺憾,有时我竟无原则地满足孩子的一切要求。就这样,孩子总是缠着我要这要那,而我也总是有求必应。有一次,我母亲实在看不下去了,便语重心长地对我说:"穷人的孩子早当家,你别打肿脸充胖子了,该向孩子交个实底了,让他也知道体贴你。"于是,母亲和我一起对孩子讲了我们家的实际情况,让孩子明白,靠我一个人的工资满足我们母子的生活已经很不容易了。真没想到,从此以后孩子还真懂事了。不仅不要价格昂贵的玩具,对一些生活用品也不再浪费了。

事实上,适当地让孩子了解点家情,知道家里生活的困难、父母持家的艰辛,不会增加孩子的思想负担,相反,会产生一种动力,从而更加珍惜生活,立志发奋学习。当然,经济条件好了也并非坏事,比较富裕的家庭不妨换个角度讲家情,不要讲家里有多少存款,比别人家优越,而要讲父母创业的艰难、赚钱的不易和勤俭节约的好传统,这对孩子的健康成长是有益处的。

我认为,孩子既然是家庭的一员,他能够享受家庭幸福的生活,也应有责任分担家庭的困难。让他明白自己应担负的责任,承受一点生活压力,他才能正确对待人生,从贫困中磨炼自己坚毅的性格和不屈不挠的拼搏精神,发奋图强。

(《中国妇女报》2001 年 7 月 18 日 6 版)

特写篇

"和谐人口、诚信计生"助推楼院文明

"和谐人口楼""婚育新风楼""诚信计生楼""文明新风楼"……近来,路过青岛市镇江路44号院的市民都忍不住被楼院内单元门上方的标语吸引,驻足观望。

这是一个不大的居民楼院,共有三栋楼,每栋楼的单元门上方有一幅醒目的倡导婚育文明的标语,楼院内墙壁上悬挂着"计生国策家家落实"等六七块计划生育宣传展板。楼房虽不算新,但院内非常整洁,小小的院子里,种满了一片一片的花草。前不久,笔者步入这个小院,恰巧碰到正在院内打扫的傅玉英大姐。傅玉英大姐是镇江路44号楼院的党支部书记,据她介绍,2004年3月因物业服务不善,镇江路44号院居民成立了岛城第一家小区居民自治组织——自主管理委员会,由她牵头,小区里5名退休老党员自愿担任联络员,帮助小区居民办事。2005年10月,小区又成立了岛城第一家楼院党支部,他们把这两个组织合称为"两委",现在"两委"成员平均年龄63岁,年纪最大的73岁。

这些老人每天搞卫生,做绿化,建宣传栏,修理每个单元的电子对讲门和楼道里的感应灯,帮助居民维修家用设施,组织有文艺特长的人员自编、自演文艺节目,营造了文明、和谐的楼院氛围,形成互帮互爱的邻里关系,"两委"在居民中也树立了威信。

随着自治组织的日趋完善,每个楼、每个单元都选出了负责人,每件事也都有了固定的人管理。这些负责人分别被群众称为"楼长""单元长",都被街道计生协会吸收为会员,计生工作也顺理成章成为他们的工作,他们随时将计生政策、避孕节育、优生优育等知识传送到家家户户。全楼院谁家有什么情况,他们一清二楚,谁家有红白喜事,他们及时招呼邻里一齐帮忙。从老家龙口来青岛为女儿照料孩子的曹广业大姐住在镇江路44号院一年多了,她告诉笔者,住在这里使她感受到青岛人的热情和文明,女儿嫁到青岛来,她很欣慰。

近年来,青岛市打造"和谐人口、诚信计生"的工作理念,把是否落实计划生育纳入企业诚信体系、个人信用体系。"两委"成员觉得这很符合他们的心愿,在街道计生办、计生协会的指导、帮助下,他们为每个单元制作了婚育文明标语,倡导居民做诚信公民,自觉实行计划生育、优生优育。住在这个楼院的外来人口共12户,也都自觉遵守计划生育政策,没有一例违法生育事件。28岁的小吴今年新婚,打算要孩子,但她不清楚孕前、孕后该注意哪些事项,傅玉英主动登门为她传授孕期保健知识,像妈妈一样亲切叮嘱,使她非常感动。为了把楼院居民凝聚在一起,傅玉英充分发挥她在老年大学学的"本事",组织有文艺特长的居民自编、自演文艺节目,宣传计划生育政策,倡导婚育文明,丰富了楼院居民的精神文化生活,使人人感受到楼院的和谐、家庭的温暖。

如今,镇江路44号院已成为远近闻名的模范文明小区。

(《人口导报》2010年8月9日2版)

人口文化助力社区宜居幸福

每天清晨 6 点刚过,吴大爷便和他的搭档单大爷相约来到福岭嘉苑人口文化广场,坐在清风苑长廊的躺椅上排练戏曲。吴大爷拉二胡,单大爷清唱,配合默契。问他们为何选择来这里排练,两位老人几乎异口同声地说:"这里气氛好,排练特有感觉!"

和两位老大爷一样,几乎每天来广场排练文艺节目的还有一帮"娘子军",这支由离退休妇女组成的"娘子军"有近 20 人,今天她们排练扇子舞,优美、舒缓的音乐远远飘来,令人沉醉……环顾广场四周,文化氛围甚是浓厚。广场入口处,繁花绿草映衬着两本翻开的书本雕塑,右边雕刻着入党誓词、党的性质,左边则刻有党员的权利、义务,翻开的书本造型象征着社区居民不断书写着美好的生活。对面左侧办公楼上方,是引人注目的人口文化宣传大屏幕,正在滚动播放优生优育短片。正对面是一幅巨型《华夏人口文化溯源》宣传画卷,展示了人类婚恋、生育的变迁,讲述着中华儿女繁衍、发展的历史。晨练的人们纷纷近前观看,有老人,有孩子,也有中青年人。婚育知识宣传亭旁,几名育龄青年正在阅读避孕节育、优生优育、生殖保健等科普知识。笔者和其中一位张女士攀谈起来,得知张女士是胶南人,随丈夫来青岛务工,在此居住已经三年了。"没事来这里逛逛,不仅可以学到知识,也能放松心情,这里真是太好了!"张女士满脸幸福,真诚地说。刚刚排练完扇子舞的几位阿姨告诉笔者,每逢重大节日,她们就是文化广场的主角。去年 7 月 11 日世界人口日、"5·29"协会纪念日、70 亿人口日期间,她们还特别排练了计划生育文艺节目,参与计划生育宣传。"环境好了,人的心情就好,参与一些有意义的活动,我们感到很快乐、很幸福!"阿姨们议论着。

排练戏曲的两位老人选择的清风苑长廊是整个人口文化广场较为僻静的地方,长廊上方的左右两侧分别是廉政警言和廉政故事。从清廉冠古今的杨震、不私亲朋的吕僧珍,到党的好干部孔繁森、基层干部的楷模沈浩等,每个故事、每句警言都发人深省,令人深思。置身其中,不但感受到浓浓的文化氛围,而且还能学到知识,受到教育。多么幸福、美好的生活画卷啊!难怪吸引了那么多人驻足观看。

据了解,福岭嘉苑人口文化广场的前身是 2007 年建成的福岭嘉苑广场,最初只有附近的少数居民在此健身、娱乐,近年来,随着全市"和谐幸福家庭促进计划"的推进,福岭嘉苑广场成了人口文化宣传的主阵地。

（《青岛财经日报》2012 年 3 月 28 日 A21 版）

雨雪中的感动

　　1月21日上午,天空灰蒙蒙的,一直飘着纷纷扬扬的雨雪。市人口计生委主任丁鲁省、市计划生育协会专职副会长董新春等领导冒着雨雪来到即墨市田横镇郑家村,在新春佳节到来之际,走访慰问困难群众和老党员,为他们送去新春祝福。

　　根据组织安排,2012年,市人口计生委派驻机关干部任即墨市田横镇郑家村"第一书记"。在驻村工作中,市人口计生委出资3万元帮助该村装修,建设了村办公室、会议室,改善了村容村貌,完善了发展思路。1月21日早晨8点刚过,青岛市人口计生委主任丁鲁省一行已达到郑家村,他们没通知即墨市、镇两级干部,直接来到郑家村,找到驻该村"第一书记"、市人口计生委挂职干部卢凤辉,由他"带路",沿着泥泞的乡村小道,走访慰问计生困难家庭和老党员,为两户特别困难的单亲家庭和一位参加过抗美援朝战争的退伍军人分别送去了2000元慰问金。郑家村的任秀菊是一位单亲母亲,丈夫因癌症去世,她独自一人打工抚养年仅6岁的儿子,赡养60多岁的婆婆,生活异常艰难。丁鲁省一行来到她家,关切地询问任秀菊一家的工作、生活情况,勉励她树立战胜生活困难的信心。当她从青岛市人口计生委领导手中接过2000元救助金时感动得热泪盈眶,她的婆婆流着眼泪一个劲儿说:"感谢党!感谢政府!"丁鲁省一行还专门走访慰问了参加过抗美援朝战争的退伍军人郑兆松,感谢他发挥模范带头作用,为人口计生工作做出了积极贡献,并送上2000元慰问金。他们牵挂着每个育龄群众,一边走访,一边询问村里的经济发展状况,还委托村干部为经济相对困难的40户计生家庭分别送去了600元慰问金。

　　上午9点多,雨雪还在下着,丁鲁省一行就匆匆告别依依不舍的村干部和群众,踏上了返回市里的路程。村干部和部分群众聚在街头,望着他们远去的背影迟迟不肯离去。

　　　　　　　　　　　　　　　　　　(《青岛财经日报》2013年1月30日A17版)

调研篇

融入社会管理全局，突破计生工作瓶颈

　　流动人口不断增加，人户分离、封闭物业小区难进等情况为人口计生工作带来许多难题，如何突破管理瓶颈，推进管理服务创新，更好地为群众办实事、谋福祉，是新时期人口计生工作面临的重大课题。为此，青岛市人口计生委从深入基层调研入手，将人口计生工作融入社会管理全局，破解难题，推动全市人口计生工作上水平。

　　近年来，青岛市人口计生委坚持每月开展 1 次对基层的调研督导活动，每年开展 2～3 次大规模集中调研督导，摸清实情，帮助基层排忧解难。今年从年初开始，由主要领导亲自带队，先后组织开展了百家企业调研、市内四区全部街道督导调研活动，组织干部职工先后到全市 112 个重点镇（街）进行实践锻炼调研活动，与基层共同研究解决工作中的难题。在市南区珠海路街道办事处，市人口计生委有关领导和街道、社区计生干部一起座谈，认真研究当前工作中的难题。当社区计生主任反映高档物业小区难进、人户分离人员计生管理服务工作难落实时，市人口计生委有关领导表示，关键是要解决信息资源共享的问题，特别要加强部门之间的协调与配合，把这个问题解决好。在四方区河西街道办事处，市人口计生委的干部利用一周的时间走遍了 7 个社区，和群众面对面交心，掌握了大量第一手资料，提出了加快信息化建设、依靠现代化手段提高管理服务水平、完善计生家庭奖励优惠政策等富有建设性的意见。所有参加基层实践锻炼的干部都写出了内容丰富翔实的调研报告，为领导科学决策、研究和破解工作难题提供重要参考。

　　通过调研，市人口计生委梳理出当前制约人口计生工作发展的瓶颈。

　　瓶颈一：人口计生工作没有融入经济社会发展全局，综合治理人口问题的合力没有真正形成。

　　瓶颈二：计生利益导向政策覆盖面不够广，民生普惠政策与计生利益导向政策未能有效衔接。

　　瓶颈三：对流动人口、人户分离人员的信息掌握不及时、不准确，管理服务不到位。

　　瓶颈四：城市社区计生工作力量薄弱，封闭物业小区入户难，信息采集难，管理服务难，行政手段对中小企业约束不力，属地化管理落实不到位。

　　瓶颈五：计划生育技术服务水平滞后，不适应新时期全面推进公共服务的需求。

针对新时期城市人口计生工作面临的新情况、新问题,市人口计生委创新思路,主动将人口计生工作融入经济社会发展全局,拓展人口服务职能,推动了人口计生事业发展。

构建社会化大宣传格局,促进人口计生工作融入经济社会发展全局

今年,市委宣传部、市文明办等 15 个部门联合出台了《关于深化婚育新风进万家活动实施"和谐家庭促进计划"的意见》,进一步推进社会管理创新,深化和拓展婚育新风进万家活动,促进家庭和谐,增进百姓福祉。各区(市)将人口文化纳入新农村建设整体规划,融入城市特色街文化、社区文化、校园文化、厂企文化和机关文化建设中,全市将有 30％的社区(村)建立和谐家庭计划指导服务模式。同时,推进人口网、人口和计划生育专刊、公众电子屏幕、公告宣传牌、政务公开栏、宣传精品、公开信、宣传折页、便民服务手册"九个一"工程,形成适合城市居民特点、具有国际理念和青岛特色的人口文化系列品牌。

完善人口计生利益导向机制,
实现计生与民生、普惠政策与计生优先优惠相衔接

积极协调相关部门,把人口计生工作融入民生工作格局,抓好奖励、扶助、救助、免费服务和企业退休职工中独生子女父母一次性养老补助等各项法定政策的落实,整合政策资源,特别是在养老、医疗、就业培训、扶贫开发等方面,充分体现对计生家庭的优先、优惠;倡导在按照人均申请享受社会救助、扶助等政策待遇时,只计算合法生育子女数量,实现民生普惠与计生优惠相衔接,探索解决失业、无业群众的一次性养老补助等民生问题,提升群众的家庭幸福指数。

加强部门联合,建立完善人口信息共享平台

市人口计生委分别与市卫生局、市国土资源房管局、市电政办、市人力资源保障局、教育局联合下发了《关于进一步做好人口信息共享工作的通知》等文件,投入 169 万元,建立了公安、工商、教育、卫生、民政等多部门人口基础信息共享平台,实现新生儿接生、出生医学证明、计划免疫以及节育手术、新生儿疾病筛查等方面信息共享;实现各区(市)房产登记信息的免费查询和市级房屋租赁登记信息共享;实现市级企业工商注册信息的实时共享;实现市级部门间劳动人才人事代理、劳动失业人员等信息共享,定期交流、共享基本养老保险参保缴费人数、参加失业保险人

数、各阶段学校数量、学龄儿童入学率、初中入学率、普通高校在校人数等信息。今年，全市重点推广3G移动智能管理平台、驻街单位信息交流、人户分离信息交流系统，提高信息统计质量和工作效率。

完善综合管理服务机制，破解流动人口及城市人口计生工作难题

去年，市人口计生委联合公安、人力资源和社会保障、工商、城乡建设委等10个部门，出台了《关于进一步加强流动人口计划生育综合管理工作的意见》，明确了相关部门的责任，建立了制定政策和协商制度、对流动人口违法生育联合调查的工作流程，实现了部门之间共享流动人口信息。今年，出台了《流动人口工作规范》等，进一步规范了流动人口管理服务工作流程、标准和要求；市委、市政府以"两办"名义出台了《关于完善服务管理体制推进流动人口计划生育基本公共服务均等化工作的意见》，建立健全符合青岛实际的流动人口计划生育基本公共服务运行机制，推进流动人口宣传教育服务、免费技术服务、生育登记、优生促进、困难救助、便民维权、计划生育奖励优待、社会保障和优先优惠等基本公共服务均等化。

市人口计生委协调人力资源和社会保障等部门出台设立计生公益性岗位及聘用协管员的指导性文件，城区每个社区居委会设立1个计生公益性岗位，每400～500户居民设立1个计生协管员岗位，专职负责人口计生工作，解决镇（街）、村（居）计生工作人员数量偏少、年龄偏大的问题。相继出台了《关于进一步加强城市和流动人口计划生育工作的意见》《关于加强城市人口和计划生育社会管理的实施意见》，全面推行和深化计划生育属地化管理，对驻街单位计划生育工作实行分类指导，加强对高档楼宇内单位、人户分离等重点对象的计划生育服务管理；将人口计生工作全面融入社区整体工作，落实以房管人、以业管人、以信息管人等措施，通过行业组织、社会组织、部门配合等方式，加强信息变更、分类管理、亲情服务等综合管理，努力探索"综合管理、家庭指导、信息推动、通报公示"为一体的城市人口计生社会管理"青岛模式"。

今年召开2次城市人口计生工作现场会，指导区（市）打造了38个社区工作示范点，及时总结并推广经验。市南区探索建立"和谐家庭促进计划"，主动将人口计生工作融入社会管理的大格局，以社区为基础，面向广大家庭，开展了贯穿人的生命全过程的计划生育优质服务；胶州市探索推行"三四三"工作模式，构建"幸福和谐新社区"；市北区探索建立街道办事处、管委会和行业协会共同加强业户人口计生管理服务的新模式；四方区积极争取工商等相关部门的支持，依托电子地图"导航"，有效解决了单凭计生部门对中小企业约束不力、属地化管理落实难等问题。

将计划生育技术服务融入社区公共卫生事业，
促进人口计生服务逐步向人口家庭公共服务转变

加大市人口计生医院的设备配备和更新力度，配备进口四维彩色超声诊断仪、宫腔镜、腹腔镜、全自动 DNA 测序仪、全自动生化分析仪等先进医疗设备；引进硕士研究生以上学历的专业技术人才，拓展服务职能，打造市级优质服务载体，发挥市级服务机构服务、培训、技术引领的作用，推进全市计划生育优质服务提质、提速。

依托市人口计生医院、区（市）和镇（街）计划生育服务站及社区工作站，打造"一刻钟计划生育技术服务圈"，围绕全市和谐家庭促进计划，开展婴幼期、青春期、新婚期、围孕期、避孕节育期、围绝经期、老年期等系列保健服务，促进人口和计划生育服务逐步向人口家庭公共服务转变。

社会在发展，创新无止境。与时俱进、开拓创新，一个具有青岛特色的、体现以人为本、科学发展、惠及民生、促进社会和谐的人口计生工作新模式，正在全市逐步形成。

（《人口与计划生育》2012 年第 1 期）

"三八节"探访基层工作作风

近年来,青岛市人口计生委转作风、出实策、严问责,努力以优良的政风行风树立人口计生部门的良好形象。3月8日上午,青岛市人口计生委机关党委组织部分女同志深入市内街道和社区探访调研,了解基层工作行风转变及便民措施落实等情况,以服务基层、务实为民的工作作风为自己过了一个有意义的节日。

所到之处,热情接待

参与这次调研的女同志两人一组,以群众身份,随机走访了市南区江苏路街道和市北区登州路街道及齐东路、红岛路、广饶路3个社区,所到之处都可看到宣传栏及服务大厅普遍公示和张贴着我市《便民惠民十二条》等内容,便民惠民的舆论环境与宣传氛围甚是浓厚。街道和社区人口计生工作人员面带微笑,热情问候:"有什么需要帮助的吗?"当笔者询问外来人口是否可在现居住地办理生育证时,街道人口计生工作人员在做出肯定的回答后,详细介绍了办理计划生育服务手册、二胎生育证的条件、流程及所需材料等,并按照《便民惠民十二条》的要求,对市内三区、省内、省外等不同情况的育龄群众办理生育证的有关规定进行了详细的解答和说明。

首接负责,快捷办证

在登州路街道,刚领到计划生育服务手册的王先生兴奋地说:"没想到当天就拿到证了!"来到江苏路街道计生办,碰巧人口计生工作人员正在往袋子里装避孕药具和印有《便民惠民十二条》等内容的"明白纸"等宣传资料,据说将在下周组织育龄群众免费查体时发给大家。谈到流动人口现在办证是否方便时,计生办主任曹月洁以户籍在兖州市的胡莉莉女士为例,详细讲解了流动人口办理生育证的有关知识。胡女士丈夫的户籍在青岛市龙口路,按照《山东省计划生育条例》规定,二胎生育证的办理应在女方户籍地提出申请办理。为方便这对夫妇办理二胎生育证,江苏路街道计生办一方面与当事人沟通,一次性告知当事人应准备的各种材料,同时与女方户籍地计生办协调沟通,要求配合出具相关证明。2012年12月18日,江苏路街道计生办在认真审核户籍地出具的相关证明及委托函、调查情况属实的基础上受理材料,2012年12月31日办好二胎生育证,发放给这对夫妇,同时,计生办还告诉这对夫妇,在青岛住院分娩可享受 500 元补助及其他免费或优惠服务,这对夫妇非常满意。

据介绍,青岛市人口计生委下发《便民惠民十二条》以来,基层普遍简化了办证手续,主动承担原来由群众往返户籍地和现居住地开具各种证明等烦琐手续;认真落实首接责任制,即群众办证时由第一个受理单位负责落实到位,让群众不需要四处奔波。

计生电话成服务热线

在江苏路街道调研期间,不时有群众拨打计生办电话寻求帮助。计生工作人员认真接听,解答群众的问题。计生办主任曹月洁感慨地说:"只有真心实意为群众办实事,才能赢得群众的信赖。现在群众需要计算工龄也找我们,我们计生办的办公电话成了服务热线了!"

曹主任告诉笔者,每次市里举办"行风在线""民生在线""网络在线问政"等活动,他们都认真收听收看。市人口计生委领导关心百姓、勇于担当的精神深深触动了广大基层人口计生干部的心。对于兄弟部门、社会各界和群众提出的所有问题,他们同样做到不推诿,想方设法帮助解决。每个月他们会主动向劳动保障等部门通报人口信息,为了更好地给群众提供便民服务,他们在公布办公电话、邮箱的同时,还向有特殊需求的群众公布了包括 QQ 在内的个人联系方式。对于一些比较私密的问题,就通过 QQ 交流解决,群众非常满意。多年来,江苏路街道没出现一例计划生育上访、投诉案件。

(《青岛财经日报》2013 年 3 月 13 日 A23 版)

以党建为统领,转作风惠民生

党员干部的作风关乎党和政府形象,影响民心向背,决定事业成败。近年来,市人口计生委以党建为统领,切实加强全市人口计生系统政风行风建设,出实策、严问责,引导全市人口计生干部主动服务、积极作为,树立起全市人口计生系统求真务实、一心为民、廉洁高效的良好形象,谱写了一曲党群、干群水乳交融的和谐篇章。

打造党建品牌,树立标杆形象

坚持以"构建和谐人口、打造诚信计生"为目标,以争创"五好党支部""党员先锋示范岗"为切入点,努力创建"计生尖兵"党建品牌,树立党员干部的标杆形象。

加强党建品牌建设,坚持以党建带队伍。把争创"岛城先锋"党建品牌理念融入党支部建设和党员队伍管理中,制定了《关于开展党建品牌创建活动的意见》《关于开展争先创优做"人民满意的公务员"主题活动方案》,明确提出创建"计生尖兵"党建品牌、争创党员先锋示范岗、争做人民满意公务员活动的具体要求和实施步骤,连续在全委开展了"讲党性、重品行、做表率"活动,倡导党员立足岗位,恪尽职守,无私奉献。

开展系列活动,激发创先争优意识。组织开展了党员"亮身份"活动,统一为全委137名党员和非党员制作了工作理念桌牌,以党旗和国旗为背景区分,同时为窗口单位的党员配发党徽,让党员的身份亮出来。开展"六比一争"主题实践活动,营造比党性、比学习、比能力、比干劲、比创新、比业绩、争当先进的良好氛围。开展了"一个党组织一个堡垒、一名党员一面旗帜"的讨论,举行了向雷锋、方永刚、沈浩等先进模范人物学习的活动以及党员奉献日和公务员奉献日等一系列活动。组织委机关和事业单位党员干部参观了青岛第一支部旧址。每年召开庆"七一"大会,全体党员高唱国际歌,重温入党誓词,进一步激发了大家为党奉献、创先争优的意识。

2010年以来,每年评选"党员先锋示范岗",评选并表彰一批优秀共产党员、先进党支部和优秀党务工作者,命名一批"计生尖兵""践诺之星",激发了党员干部的创先争优意识,使其为党旗添彩,创造性地抓好各项工作的落实。

创建机关名牌,优化政治生态

全委以"和谐人口、诚信计生"建设为目标,以争先创优为着力点,着力推进学习型、服务型、效率型机关建设,机关干部的工作状态和精神面貌发生了显著变化,干事创业的氛围日趋浓厚。2012年,市人口计生委的"和谐人口诚信计生"品牌被市委办公厅、市人民政府办公厅命名和确认为市机关名牌。

推进学习型党支部建设。以支部为单位,由各党支部提炼出本支部的核心价值理念,再由机关党委统一制作,张贴上墙。采取专题教育与随机教育结合,集中教育与自学结合,学理论、学业务,培养党员干部的团队意识,树立终身学习的理念。全委党员干部每季度至少学习一篇政治理论文章或精心研读一本与业务有关的图书,并写出一篇学习心得或书评。机关党委为各处室提供了43本包括《中国特色社会主义理论体系学习读本》《人口发展与区域规划》在内的政治理论、管理及人生指导等方面的书,切实将读书活动落到实处。加强革命传统教育,每年组织党员干部开展向雷锋、沈浩、杨善洲、郭明义和陈家顺等先进模范人物学习的活动,组织党员重读入党申请书和重温入党誓词;组织优秀党员干部分别到西柏坡、沂蒙山红色教育基地、中共青岛地方支部旧址接受教育。

推进服务型机关建设。成立群众(信访)工作办公室,公开全部办事程序,将失业、无业人员独生子女父母一次性养老补助发放这一制约我市人口计生工作发展的突出问题列入各区(市)人口计生目标责任考核中去。2012年我市12区(市)党委、政府全部出台文件,率先妥善解决,填补了人口计生奖励政策的空白。制定并下发了《2012年"行风在线""民生在线"、常态化"网络在线问政""青岛纠风网"和"三民"活动工作方案》,提前梳理群众关注的热点、难点问题,将政策性、体制性问题和进入信访、司法程序的问题单独梳理、归纳,有针对性地为群众排忧解难。委主要领导亲自参加市政府纠风办、市广播电台举办的"行风在线"、青岛新闻网举办的"民生在线"及网络问政等活动,对群众咨询、反映的问题,全部当天予以答复和回访,对暂时不能解决的问题提出了明确的解决方案,答复率和群众满意率均达100%。党的十八大召开当天,受助群众专程赶到市人口计生委赠送两面锦旗,表达感激之情。

推进效率型机关建设。重新修订、完善了90项内部管理制度,修改、完善机关内部考核办法,健全奖勤罚懒、优胜劣汰的干部管理机制,委领导率先垂范,夙夜在公,并亲自抓纪律,召开现场会,对处室负责人提出明确要求,加大对庸、懒、散、慢、拖、瞒等作风的暗访抽查力度。委机关每季度对从严管理干部、治理庸懒行为工作的情况进行考核通报,发现问题,及时处理,严格责任追究,并与处室、单位评优、干部年终考核挂钩。细化岗位职责,明确岗位"ABC角",倡导"有人负责我服从,无人负责我负责"的工作理念,激发党员干部职工的内在动力,形成先进更先进、后进赶先进的浓厚氛围和良好格局。

加强廉政建设，保持清正廉洁

认真学习贯彻党的十八大和中央、省市纪委全会精神，紧紧围绕全委中心工作，认真解决群众反映强烈的突出问题，以反腐倡廉的实际成效，推动全市人口计生事业持续、健康、稳定发展。

教育先行。委领导带头学习上级有关文件精神，认真组织学习国务院历次廉政工作会议精神、中央省市纪委全会精神和党的十八大精神等，带头执行廉洁自律的各项制度和规定。机关党委组织全委党员干部，深入学习贯彻党的十八大和中央、省市纪委全会精神，认真学习《中国共产党党章》《中国共产党党员领导干部廉洁从政若干准则》等党纪条规，组织开展学习测试、学习体会交流等，提高党员干部严格执行党纪条规的自觉性；通过组织专家辅导、观看警示教育片、在《青岛财经日报》开设"廉政之窗"等形式，强化党员干部的党性宗旨意识、廉洁从政意识、风险防范意识，增强反腐倡廉教育的针对性和实效性；把廉政文化纳入机关文化建设总体规划，作为精神文明创建活动的重要内容，大力开展廉政文化进机关活动，利用宣传画和网络信息技术，大力营造促进廉洁的良好氛围，不断增强党员干部拒腐防变的能力。

制度保障。坚持民主集中制，严格执行集体领导、民主集中、个别酝酿、会议决定的工作流程，确保决策程序和流程规范、有序。制定并出台《关于"贯彻落实中央八项规定转变作风、改进工作、厉行节约"的意见》《关于2013年党风廉政建设和反腐败工作的意见》《作风纪律问责办法》等文件，严格执行廉政准则，加强廉洁自律，对违反规定用公款超标准、超规格接待，利用职务或工作之便接受基层或服务对象宴请或收受礼金、礼卡、礼品以及其他不廉洁行为的，严格对当事人问责；建立、完善内部管理制度，财务管理严格实行"五级审批、五级报批"制度，真正实现用制度来管事、管人、管权，形成"管理规范、职责明确、办公文明、运行有序"的机关工作秩序。

监督到位。认真落实《市纪委、市监察局归口派驻机构对驻在部门（单位）实施"三重一大"事项监督办法》，主动汇报工作，加强对市人口计生委五大培训基地项目建设的监督检查，自觉接受事前、事中、事后全面监督，从根本上杜绝项目建设的腐败问题；加强政务公开等业务管理制度，加大对财务管理、政务接待、公务用车、车辆管理等后勤管理制度以及党务人事管理制度落实情况的监督检查力度；深化岗位廉政风险防控，加强对重点对象、重点环节、重要岗位的防控管理，理清职责权限,查找廉政风险,强化监督,进一步完善考核机制、督查机制、内部管理机制、干部考核评价和激励保障机制,推进体制机制创新,堵塞体制机制上的漏洞,更有效地从源头上预防和解决腐败问题。

转变政风行风,深入基层解民忧

认真贯彻《十八届中央政治局关于改进工作作风、密切联系群众的八项规定》精神,精简会议活动,精简文件简报,改进调查研究,厉行勤俭节约,控制经费开支。主要领导率先垂范、深入基层,变群众上访为下访,引导带领全委干部、职工带着感情帮助基层解决实际困难,带着真情为群众办实事、办好事。

先后出台了《关于进一步加强全市人口和计划生育系统政风行风建设的意见》《关于在行业内部开展抓纪律、抓风气、抓发展环境的通知》等文件,广泛深入地开展宗旨教育、党的纯洁性教育、党风党纪教育等,引导全市人口计生干部主动服务、积极作为。中央"八项规定"出台后,市人口计生委第一时间出台了《关于"贯彻落实中央八项规定转变作风、改进工作、厉行节约"的意见》《关于改进工作作风密切联系群众的实施办法》及《便民惠民十二条》等文件,要求各级认真落实国家人口计生委便民服务要求,简化办事程序,做到急事快办,难事巧办,随到随办。严格落实首问负责制、服务承诺制、限时办结制、一次告知制等制度,认真解决群众反映的突出问题,并针对密切联系群众、转变服务态度等方面,特别强化了对相关责任人的问责措施。在深入开展"六比一争"主题实践活动的基础上,开展了查思想作风活动,看自己是否存在因循守旧、不思进取、创新意识差的问题;查履职尽责,看自己是否存在态度"冷、横、硬、推",不作为、乱作为,不尽职、失职、渎职的问题;查学习态度,看自己是否存在不思学习、不愿潜心研究工作、照抄照搬的问题;查工作效率,看自己是否存在有章不循、运转低效、不求时效的问题;查廉洁自律,看自己是否存在有令不行、有禁不止、自由散漫、"吃拿卡要"、为政不廉等问题。这样的"五查五看"主题活动进一步促进了政风行风转变。

每年春节前夕,市人口计生委、市计生协会领导都会抽出时间,深入村居,走访慰问计生困难群众和老党员。今年1月21日早晨8点刚过,市人口计生委、市计生协会的领导便冒着雨雪赶到即墨市郑家村,找到市人口计生委驻该村的挂职干部卢凤辉,由他"带路",沿着泥泞的乡村小道,走访慰问计生困难家庭和老党员,为两户特别困难的单亲家庭和一位参加过抗美援朝战争的老兵分别送去了2000元慰问金。

每年年初,市人口计生委都组织全委干部深入基层,开展新春下基层走访调研活动,以召开座谈会、个别走访慰问等形式,征求基层干部群众对人口计生工作的意见和建议,并针对调研发现的问题,及时提出具体落实措施。为夯实基层基础工作,2011 年,全委党员干部深入 70 个重点镇(街)、218 个村(居)和 67 个中央、省驻青和市直大企业进行调研,梳理出制约人口计生工作发展的瓶颈问题,创新思路,主动将人口计生工作融入经济社会发展全局,融入改善民生和完善社会保障全局,融入城市社区文化建设,融入社区基层组织建设和社会管理网络建设,融入社区公共卫生事业及社会信息化建设之中,拓展人口服务职能,推动了人口计生事业健康发展。2012 年,围绕"基层基础提升年"开展了"新春走基层、宣讲到基层、实践下基层"的调研活动。市人口计生委领导先后深入崂山、市南两区中部分社区的计生困难家庭、基层计生专干和志愿者家中,送关爱,送温暖。同时,组织基层计生干部召开座谈会,认真倾听基层计生干部的意见和建议,了解、掌握基层实情,共谋发展大计,并针对大家反映比较集中的封闭物业小区管理服务难到位等 11 个问题,及时召开主任专题会,进行了分析、汇总,提出了 16 项具体解决措施。全委干部职工深入全市 170 个镇(街)、260 个村(居)和 89 个企业调研,帮助基层解决实际困难,与老党员、老干部、村民代表座谈交流,深入贫困家庭,认真了解贫困家庭情况,研究帮扶措施,树立了人口计生部门亲民为民、求真务实的良好形象。

(《青岛财经日报》2013 年 3 月 20 日 A19 版)

打造特色医院，满足育龄群众需求

开展计划生育、优生优育、生殖保健是国家"十二五"规划对基本公共服务提出的新要求。人口计生服务站（所）如何定位、创新、发展，是人口计生部门面临的新课题。市人口计生委以战略性、前瞻性的目光，审时度势，谋转型，促发展，走出了一条人口计生服务机构不断发展壮大的新路子。

查找问题症结，增强忧患意识

2010年市人口计生委新一届党组成立后，委领导对市人口计生科研所的现状与发展进行了大量实地调研，先后召开了23次工作会议，多方征求意见、反复论证，积极谋求全市计划生育技术服务机构的发展空间，最终做出了市人口计生科研所转型，办成有计划生育特色的一流市属专科公益性医院的科学决策。市人口计生委副主任黄晓霞亲自担任市人口计生医院院长，靠上抓落实。

找症结、转观念，是新一届委党组谋求市人口计生科研所转型发展的首要原则。作为全额拨款的事业单位，以前市人口计生科研所的干部职工不同程度地缺乏忧患意识。委领导在专题会议上剖析了市人口计生科研所存在的问题，要求全体干部职工以对党、对人民事业高度负责的精神，切实端正工作态度，树立"想服务、会服务、服好务"的工作理念。市人口计生医院历任责任人在组织干部职工学习时，都认真分析了科研所在全市技术服务机构中所处的位置，以激发大家增强危机感。经过各级领导多次深入、细致的沟通交流和思想教育，全院（所）干部职工切实增强了忧患意识，积极为单位的科学发展献计献策、努力工作。

围绕群众需求，谋求转型发展

围绕群众需求，谋转型，促发展。按照医疗机构执业许可的要求和当前育龄群众对生殖健康的需求，加强对市人口计生医院（科研所）的改造和基础设施建设。聘请有关专家对手术室、消毒供应室、污水处理场所等进行了现场勘察，对市人口计生医院（科研所）的总体布局进行了规划、设计和重新调整，设置了乳腺外科、泌尿外科、特检科等6个临床科室。其中，检验科和PCR室作为青岛市开展细胞生物学和分子生物学研究的先进实验室，在计划生育、优生优育医疗检测中发挥着至关重要作用。2010年6月，市人口计生医院（科研所）顺利获得医疗机构执业许可。

与此同时,委领导积极争取中央补助地方科技基础条件专项资金,用于市人口计生医院(科研所)购置科研设备和建立国家级生物实验室。2010年以来,市人口计生医院(科研所)添置了一系列国内一流的医疗、科研仪器、设备以及多种先进的实验室辅助设备。这些仪器、设备包括贝克曼全自动生化分析仪、DNA测序仪、进口四维彩色超声诊断仪等,医疗设施条件达到省内领先、全国一流水平,为精确诊断遗传病、防止出生缺陷、提高人口素质提供了可靠的医疗保障。

加强队伍建设,提升服务能力

谋转型、求发展关键在人。为此,委党组高度重视市人口计生医院(科研所)的人才队伍建设。在加强思想作风建设的同时,积极引进、培育、储备人才,提高技术服务水平。

引进硕士学历以上的专业技术人才,将其充实到相关科室,提升院(所)专业技术人员的文化层次。目前,全院(所)74%的专业技术人员拥有本科以上学历,具有副高级以上职称的占专业技术人员的47%。

采取请进来、走出去的办法,为专业技术人员创造学习交流机会。多次邀请来自北京协和医院、上海红房子医院等的国内知名的计划生育、生殖健康、妇产科专家前来授课,有针对性地为专业技术服务人员举办讲座;聘请青医附院、市立医院、海慈医院、四零一医院等大医院的专家,到市人口计生医院(科研所)坐诊,参与职工查体等,对市人口计生医院(科研所)的专业技术人员进行临床指导。选派业务院长、科室主任、技术骨干到上海等地学习先进经验,换脑筋,开眼界。考察归来,结合自身实际,调整工作职能,转变服务方式。变过去比较局限的避孕节育、生殖健康服务为综合性、多方位的服务,变过去"衙门式"的坐堂应诊为主动深入社区送服务。2010年以来,市人口计生医院先后11余次深入社区、大企业和高校开展免费咨询、义诊等活动;深入部队、企事业单位进行科普知识讲座30余次。

制订了专业技术人员培养计划,定期选派专业技术人员到青医附院等医疗机构进修;大力开展岗位练兵和技术比武活动,培养了一批技术能手和学术带头人;大兴业务研讨之风,每月至少开展一次业务学习交流活动;每年组织12区(市)专业技术服务人员,举办宫颈疾病诊断治疗、曼月乐临床应用等业务培训,提高院(所)及全市专业技术服务人员的业务素质。

突出专业特色,拓展服务职能

谋转型、求发展,重在加强科技创新、打造特色医院。近年来,市人口计生医院

（科研所）以家庭为立足点，以群众需求为导向，不断加强科技创新，积极拓展服务职能。

在保持传统的计划生育、优生优育、生殖健康技术服务项目基础上，不断加强科技创新。2010年以来，完成了"避孕器具放取手术并发症防治技术的研究"等2项国家人口计生委协作项目和市科技局科研课题——"褐胶藻抗铅污染对生殖内分泌保护作用的研究"。目前，正在研究"固定式左炔诺孕酮宫内缓释系统临床研究"等2项市科技局课题和省人口计生委"T形微创可复性输精管节育器的研究"等2项课题。这对改进育龄群众避孕节育方法、稳定低生育水平、提高生殖健康水平具有一定的社会意义和现实意义。

充分发挥计划生育的专业性和公益性特色，定期组织安排专业技术人员携带医疗设备，下农村、入企业开展生殖健康检查活动，提供治疗、转诊及预防宣传等一条龙服务，逐人建立台账，详细记录每一位查体者的详细情况，定期进行随访，确保服务质量。借助"艾滋病宣传日""世界避孕日""世界男性健康日"等时机，走上集市、街头、广场，集中开展宣传咨询服务活动，向过往群众发放科普宣传资料，开展生殖保健知识咨询等，树立市人口计生医院（科研所）为民服务的良好形象。积极组织参与"一刻钟计生服务圈"活动，承担起市南区部分社区孕前优生健康检查、生殖健康检查和孕环情监测项目；同时，开通了24小时紧急避孕咨询服务热线，随时为育龄群众提供免费的计划生育、优生优育、生殖健康咨询服务。2011年以来，围绕全市"和谐家庭促进计划"，开展了青春期性教育、婚育期生殖保健与咨询、优生优育、避孕节育、不孕不育、更年期保健以及各种相关信息的指导；开展了宫颈癌筛查项目、乳腺疾病防治门诊、孕前优生健康检查等工作。日前，市人口计生医院与市立医院集团签约，共同开展"两癌"筛查及后续检查治疗工作。

有组织、有计划地开展免费咨询、义诊、健康检查等活动，既惠及民生，进一步提高了基层育龄群众计划生育、避孕节育、生殖健康知识水平，又产生了明显的社会和经济效益，赢得了经济效益和社会效益双丰收。以2012年为例，人口计生医院门诊量较去年同期增长14.9%，门诊收入较去年同期增长52%。市人口计生医院（科研所）2010年度获"巾帼文明岗"荣誉称号，2011、2012年度被评为"基层行风建设示范窗口"单位。

（《青岛财经日报》2013年4月3日A23版）

改善办公环境,完善公共服务

近年来,市人口计生委将环境建设作为转作风、惠民生的一项重要举措。自2010年以来,从加强单位内部管理入手,着力加强事业单位办公环境建设,整修了综合办公楼,改建了市人口计生医院,不断完善公共服务,拓展服务职能,努力为广大群众营造良好的服务环境。

整洁、优雅的院内外环境

徐州路90号大院是市人口计生委的办公所在地。近年来,这里的变化翻天覆地:大院门口两侧的门头房整修一新,醒目、温馨的标识牌仿佛在无声地传递着党和政府对广大育龄群众无微不至的关怀。院墙北侧上方高高挂着一只大大的石英钟,指针徐徐摆动,在给人们显示时间的同时,又好像在时时提醒人们珍惜时光,努力工作。正对大院门口,一座镶嵌着市人口计生医院和市人口计生科研所标识牌的现代化专科医院矗立在人们面前,市人口计生医院人性化的温馨提示、宜人的环境,又让人觉得仿佛回到了温暖的家。

徐州路90号办公楼院分里、外两个办公区域,东西狭长,幽静整洁。门卫、执勤人员统一着装,对进出人员、车辆统一管理,统一调度,安定有序。

外院,装修一新的市人口计生医院看上去庄严气派,整洁有序;内院则是事业单位综合办公区域。医院南、北两侧是通往内院的循环车道和人行道,公务车辆从医院北侧新开辟的道路进入内院,从医院南侧的道路出院,循环行驶。为确保内院事业单位的办公秩序与安全,特意在南、北两侧车道安装了电动铁门,实行内、外院打卡式自动门隔离,人车分流,并在车道拐角处设置了反光镜,车辆行驶到拐角处可以通过反光镜看到前、后方的情况。内、外院分别规划出停车位,车辆按车位停放,整齐划一。车道两旁是修剪整齐的草坪和灌木丛,内院一排新种植的水杉树吐出了嫩黄的幼芽,环绕在院墙边、拐角处的塔松青翠欲滴,耐冬花开得正艳,形成了一个个小花园,拐角、台阶、花园的设计体现着人与自然的和谐,久违的静谧生活款款而至。偶尔有喜鹊穿梭枝头,衔枝筑巢,幽静的小院多了几分嬉闹,更是另一番景致。

秩序井然的办公场所

装修过的综合办公楼整洁肃穆,门口墙壁上,一个醒目的"无烟楼"标识牌提醒大家办公场所禁止吸烟。综合办公楼每个楼层一个单位，互不干扰。办公室内洒满阳光，桌椅、书橱摆放整齐，每个人的办公桌上都摆放着一个随时激励自己奋发进取的工作理念桌牌。干部职工心情舒畅，工作热情空前高涨。

据了解，2010年以来，市人口计生委以"创城"为契机，加强了对徐州路90号大院办公环境的整治，重点整治亮化了事业单位综合办公楼。拆除了以前老化、陈旧的卷帘门，新安装了防盗门，并在一楼大厅安装了单位导示牌；对一至五楼的墙壁、地面进行了统一粉刷、打磨；更新改建了设备先进、设施一流的人口和计划生育信息中心和视频会议室；对以前因出租而损坏的一、二楼进行了集中装修、整治，办公室统一安装了栗色柚木复合门，室内铺设了强化地板，并重点对以前脏乱不堪的卫生间进行了重新改造，铺设了乳白色地砖，新建了蓝、灰两色相间的手拉门，并配有洗手盆及大理石台面，看上去简约、清洁、雅致。在这里办公的同志从一点一滴做起，每天清理楼道，擦洗玻璃，清洁楼梯、电梯间、卫生间等，美化工作环境，将这座曾经看上去"灰头土脸"的旧楼打磨成焕然一新的"星级楼座"。

设施一流的现代化医院

刚刚完成装修改造的市人口计生医院特别安装了电梯。大厅内设置了楼层总索引，完全按照国家技术服务机构标准化、规范化的要求，重新进行了科室设置和装修改造。调整设置了妇科、计划生育科、泌尿外科、乳腺科、检验科、特检科、康复科、急诊科等临床科室。其中，检验科和PCR室是青岛市开展细胞生物学和分子生物学研究的先进实验室，拥有国内先进的DNA测序仪、贝克曼生化分析仪以及全套的PCR仪器设备和辅助配套设施，其中包括先进的二氧化碳培养箱等。今年，参照国家、省级相关标准，对实验室进行了装修改造。目前，医院业务水平省内领先、全国一流。为方便群众就医，市人口计生医院还特意将检验科、急诊科、心电图室、B超室、CT室等设在一楼，将挂号、收款处设在电梯口，处处体现人文关怀。拥有100余张床位的病房干净、整洁，让来此就医的群众切实感受到关怀与温暖。

据了解，近年来，市人口计生委积极争取中央补助地方科技基础条件专项资金，用于市人口计生医院（科研所）购置科研设备和建立国家级生物实验室，为进行生殖健康研究、精确诊断遗传病、防止出生缺陷、提高人口素质提供了可靠保障。

颇具档次的现代化餐厅

走近餐厅门口，装有茶色玻璃的自动感应门会及时打开。为避免盛夏时节蚊蝇随人进入餐厅，自动感应门上方还特意安装了两个防蚊蝇的风幕机。

餐厅内分操作区、取餐区、就餐区三个区域。

操作区分炊事间、面点间、海鲜间、储藏室、消毒间等。为了确保餐饮的安全卫生,所有食物都是从大超市采购,按正规饭店的标准进行加工配置的,对每天使用的餐具用紫外线消毒灯进行 24 小时消毒。

取餐区设在餐厅正中的大厅,八九个镀钛的圆形或方形的全翻盖自动餐炉呈"┐"形摆放在铁艺餐台上,与厅顶银灰色的吊灯相映生辉,时尚高雅,又不乏温馨之感。

就餐区共设青岛厅、月湖厅、九水厅等 7 个雅间,以白色为主调,显得干净整洁,5 个事业单位的干部职工分别在不同的雅间就餐。大家在这里一起用餐,不但吃得放心,而且很舒心。在品尝美味佳肴的同时,也感受到了温馨、和谐的氛围。

三年前,这里是另一番景象

徐州路 90 号大院始建于 20 世纪 80 年代。以前,大院门口两侧曾有 6 处门头房对外出租,小卖部、按摩店、饭店等店铺显得杂乱无序。大院门口由两位年逾六旬的老大爷轮流执勤,对进出人员、车辆没有统一的管理措施,难以确保院内单位的财产安全。

外院有市人口计生医院(原市人口计生科研所)、人口计生培训服务中心两个单位、两座办公楼,内院有市计划生育药具站、计划生育协会办公楼和位于家属楼楼底的市人口计生宣教中心。由于历史原因,市人口计生培训服务中心办公楼已转让给市南区卫生部门,因房屋出租转让、疏于管理等因素,办公楼存在种种安全隐患。随着生活水平的提高,"有车族"越来越多,两个单位共用一个院子,公车、私车随时出入,车多、人多给交通和工作带来诸多不便。大院办公用电与家属楼用电混在一起,用电量超负荷,却没有统一的调度和管理措施。

市人口计生宣教中心以前在家属楼楼底办公,许多办公室几乎一年四季不见阳光,日常室内温度要比朝阳的房间低 4～5 摄氏度。年复一年,日复一日,不少同志患上了关节炎等疾病,严重影响了同志们的身心健康和工作效率。而综合楼二楼的市人口计生培训服务中心曾出租给旅行社等单位,不但原办公室布局被打乱,原有的设施受到严重损坏,而且由于人员进出频繁,扰乱了事业单位正常的工作秩序。

5 个委属事业单位都在办公楼内建有"小灶房",每天上午 10 点后,整个办公楼弥漫着一股饭菜味。这些"小灶房"设施简陋,没有消毒设施、排污管道等,且每个"小灶房"都至少有一个煤气罐,存在安全隐患;由于对餐饮服务人员的录用及食品的采购没有严格的标准要求,餐饮卫生、安全也难以确保。

此类问题引起了新一届委党组的高度重视

党委先后成立了徐州路 90 号大院安全保卫综合治理工作领导小组和管理工作领导小组及物业管理办公室,分别做好徐州路 90 号大院水、电、安全保卫工作和大院所有国有资产的监督、管理、使用工作。成立徐州路 90 号大院综合管理委员会,安排专人负责落实好徐州路 90 号大院的安全保卫和环境卫生工作。

市人口计生委党组站在加强党风廉政建设的高度,对徐州路 90 号大院门口两侧的门头房进行了集中清理,收回了对外出租房屋,修建了市人口文化服务中心、市人口计生医院及计生大药房,实行统一封闭管理,将院内以前露天存放的几个垃圾桶统一装入集装箱,避免了二次污染,维护了徐州路 90 号大院的安全、稳定、整洁、有序。

先后聘用了 3 名年富力强的保安人员轮流在大院门口 24 小时执勤。综合办公楼内安排事业单位的干部职工轮流值班,对进出人员登记、备案。安装了监控设施,重新设置了大院电话网络和内部局域网,完成了对大院水、电、暖气的公私分离工作,增设了安全、消防等设施,实现了对徐州路 90 号大院水、电、安全和保卫等工作的规范化管理。

市人口计生宣教中心由以前的家属楼楼底搬至事业单位综合办公楼,实行事业单位集中办公。拆除了以前各事业单位的"小灶房",将以前的市人口计生宣教中心办公所在地改造成一个颇具档次的现代化餐厅,事业单位干部职工统一在餐厅就餐,既节约了经费,又确保了安全、卫生。

将以前位于内院影响观感和交通的供热室予以拆迁,搬迁至内院北侧,将腾出的路面进行硬化,开辟出一条通往内院的新路。将外院让出一半,另立"门户",由以前和市南区卫生部门共用一个院子,改为两个单位各自拥有一个独立的小院,保持了办公环境的安定、有序。加强对市人口计生医院(科研所)的改造和基础设施建设。拆除了内院存在安全隐患的车库,种植了美化环境的水杉树,安放了可供小憩的躺椅,并在大院墙外安装了石英钟。在做好环境建设的同时,积极为广大群众提供公共服务。

(《青岛财经日报》2013 年 4 月 17 日 A19 版)

科学定位，转型发展

当前，人口计生工作进入稳定低生育水平、统筹解决人口问题、促进人的全面发展的新阶段，青岛市人口计生委主动适应人口形势和经济社会发展的需要，树立"大人口"观，跳出"就计划生育抓计划生育"的圈子，提出了以"和谐人口、诚信计生"为总抓手的"一、二、三、四、五"工作思路，紧紧围绕党委、政府中心工作，积极探索以人口自身的和谐发展促进人口与经济、社会、资源、环境的全面协调可持续发展。全市人口计生工作实现了科学发展，2010 年名列全省人口计生责任目标考核第二名，2011 年、2012 年实现率先发展的新跨越。

构建社会化大宣传格局，促进人口计生工作融入经济社会发展全局

近年来，青岛市各级以"大人口"为统领，将人口文化建设融入全市文化建设，建立起人口文化宣传活动联动机制。

把农村人口文化建设纳入全市"农村文化家园"建设工程，完善阵地，拓展功能，共同发展。2010 年，市人口计生委联合市委宣传部、市文明办等 8 个部门出台了《关于深入开展倡导婚育文明、推进移风易俗、全面加强新农村文化建设工作的意见》。全市 60％的农村地区建立了人口文化大院，全市文化大院中，具有人口文化职能和开展人口计生宣传教育活动的达 100％；城区将人口文化、生育文化融入特色街文化、社区文化、校园文化、厂企文化和机关文化建设中，进一步拓展了人口文化建设的覆盖面。

构建部门联合格局。将人口文化重要活动列入全市重大宣传活动计划，由相关部门共同组织实施，各级人口计生部门联合科技、教育、卫生等相关部门，每年共同组织开展"三下乡"等丰富多彩的人口文化活动；人口计生部门与宣传部门联手，每年开展一届"人口好新闻"评选活动；与文化部门联手，每两年组织一次人口文化文艺调演活动；与教育部门联手，常年开展"青春健康"系列教育活动；与妇联联手，每年举办一次"海上婚典"活动等。在日常工作中，将"和谐家庭促进计划"纳入各部门职责之中，例如，将其纳入宣传部门精神文明建设总体规划，纳入民政部门的社区建设和社区服务，纳入卫生部门的社区医疗卫生服务及文化部门的社会主义文化大繁荣大发展和社区（村）整体文化建设等，形成联合服务的格局。全市农村开展人口文化活动年均约 2 万场次，每年参加群众达到 300 万人次，群众参与积极

性提高。全市人口文化建设呈现出繁荣发展的可喜局面。

面向家庭,拓展了人口文化建设的内涵和覆盖面。2011 年,青岛市委宣传部、市文明办等 15 个部门出台了《关于深化婚育新风进万家活动实施"和谐家庭促进计划"的意见》。2012 年,青岛市人口计生委、计划生育协会印发了《关于全面推行和谐(幸福)家庭促进计划 提升人口和计划生育服务管理水平的实施方案》,各级人口计生部门以家庭计划指导服务为载体,以生命周期为主要内容,以全社会共同参与为途径,以促进家庭和谐、稳定发展为目标,围绕人的生命周期不同阶段的不同需求,有计划、有针对性地向家庭提供婴幼期、青春期、新婚期、围孕期、避孕节育期、围绝经期等计划生育、生殖保健宣传咨询服务;各级政府在充分利用人口学校、悄悄话室、多媒体触摸屏、电教设备、电视、报纸等平台宣传人口计生政策等知识的同时,不断创新宣传方式、方法,推进人口网、人口和计划生育专刊、公众电子屏幕、公告宣传牌、政务公开栏、宣传精品、公开信、宣传折页、便民服务手册"九个一"工程,打造婚恋文化、孕婴文化、生育文化、性文化、家庭文化和老年文化"六个文化"系列品牌,形成了人口文化宣传的"铺天盖地"之势。

完善人口计生利益导向机制,
实现计生与民生、普惠政策与计生优先优惠相衔接

积极协调相关部门,把人口计生工作融入民生工作格局,抓好奖励、扶助、救助、免费服务和企业退休职工中独生子女父母一次性养老补助等各项法定政策的落实,整合政策资源,特别是在养老、医疗、就业培训、扶贫开发等方面,充分体现对计划生育家庭的优先优惠,实现民生普惠与计生优惠相衔接。

少生奖励。全面落实独生子女待遇。12 区(市)党委、政府全部出台文件,有效解决了失业、无业、退休人员一次性养老补助问题。全面落实农村部分计划生育家庭奖励扶助制度,对农村年满 60 周岁的独生子女父母和双女家庭的父母,每人每年给予 960 元奖励扶助金;对符合生育第二个子女条件、自愿终生只要一个孩子的家庭,由夫妻双方所在单位分别发给不低于 500 元的一次性奖励,对农民和城镇无业人员,由所在区(市)政府或镇政府(街道办事处)、村(居)三级给予不低于 1000 元的一次性奖励。今年,市人口计生委联合市政府法制办,建立部门政策,出台审查机制。新农合、医疗费报销等普惠政策与计划生育政策的衔接得到加强,独生子女享受不同程度的报销比例优惠。

服务免费。实行免费计划生育基本项目服务;通过送药具上门、自取、电话预约、自助发放机、"一证通"、快递到户等多种药具发放形式,免费发放避孕药具;免

费开展人口计生宣传教育、生殖健康促进等;12 区(市)全部实施免费孕前优生健康检查,免费人群由国家规定的农村育龄妇女扩展到城镇常住人口,免费标准由国家规定的 240 元/例提高到 400 元/例;实施育龄妇女住院分娩补助政策,自 2012年 1 月 1 日起,对符合国家计划生育政策生育且符合条件,在具有资质助产机构住院分娩的妇女,给予 500 元补助。

待遇优惠。有条件的村(居)在对考入大中专院校的学生予以奖励时,对独生子女予以重点倾斜,给予较高的奖励;对农村实行计划生育的家庭,特别是独女户和双女绝育户家庭,在推行新型农村合作医疗制度和社会基本养老保险制度、落实农村义务教育"两免一补"政策、提供致富信息、提供银行贷款、以工代赈、划分宅基地、介绍就业、安排生产项目等方面,优先给予优惠,并逐步提高优先优惠的层次和水平。

贫困扶持。对独生子女和双女贫困家庭,制订帮扶脱贫计划,每年按一定比例、分期分批优先提供扶贫项目、技术指导、生产资料、经营场所和小额贷款,在发展生产、增加收入方面给予重点扶持;对独生子女死亡后未再生育或合法收养子女的夫妻,给予每人每月不低于 135 元的扶助金;对独生子女伤残、病残后未再生育或收养子女的夫妻,由政府给予每人每月不低于 110 元的扶助金;对农村低保家庭中符合计划生育政策的独生子女死亡后未再生育且未收养子女的家庭,按当地农村低保标准的三分之一增发专项生活补助;对农村低保中符合计划生育政策的独女家庭差额发放农村低保金后,每户每年增发 400 元专项生活补助。

困难救助。建立了市级计生公益金,主要用于对享受城乡最低生活保障的独生子女家庭;对存在未成年独生子女死亡、重大伤残或患有重大疾病及村计生主任因公意外伤残等情况的家庭实施 2000 至 20000 元不等的救助。今年募集人口关爱基金 1049.68 万元,救助困难计划生育家庭 2061 户,发放关爱金 262.94 万元。

社会保障。将国家规定的基本项目的免费计划生育技术服务纳入生育保险范围,使城镇职工生育保险待遇和保障范围随着经济社会的发展不断提高;特困职工家庭和享受城镇居民最低生活保障待遇的家庭中参保的独生子女及父母,其个人缴费部分由财政全额补助;对参加医疗保险的独生子女住院医疗、门诊大病医疗、意外伤害门急诊医疗的费用,其基本医疗保险基金支付比例比其他少年儿童增加5%;建立农村基本养老保险制度,凡参加社会养老保险的村集体对独生子女父母的补助金额均高于对其他参保成员的补助金额。实行集体养老的村庄,对独生子女家庭的集体补助部分普遍高于其他家庭 5%以上。在养老、医疗、就业培训、扶贫开发等方面,充分体现对计生家庭的优先优惠,提升群众家庭幸福指数。

加强部门联合，建立完善人口计生信息共享平台

整合民政、公安、卫生等部门的信息资源，我市在全省率先建立了全员人口信息平台，实行综合办公信息化。配备了 3G 移动终端实时采集信息，建设地理信息系统，实现信息系统"村村通"，市、区（市）、镇（街）、村（居）四级信息实时上报、实时交流和实时交换。初步形成覆盖全市实有人口基础信息的动态管理体系，为全市经济社会发展、实现蓝色跨越提供强有力的人口数据支撑。

建立人口基础信息共享平台。按照"共建共享、互利共赢"的原则，实现部门信息的实时交流共享、实时比对汇总。目前，信息共享平台采集医院接生、出生医学证明办理、儿童计划免疫、婚姻登记、入学、劳动就业、户籍及流动人口等信息 35 万余条，与新 WIS 系统实时比对，发现 600 多例违法生育信息，从源头上有效地遏制了瞒报、漏报违法生育行为的情况。

推动信息化应用领域向"大人口"拓展。建成了全员人口、育龄妇女、部门信息共享及业务应用四大数据库，整合新 WIS 系统和民政、公安、卫生等部门的信息资源，初步形成覆盖全市 282 万户家庭、870 万实有人口基础信息的动态管理体系，实现婚姻、家庭、生育、迁移、流动、奖扶、特扶和计划生育变动等信息的实时查询汇总，为加强和创新社会管理提供真实、准确、鲜活、完整的基础数据。

建立人口宏观管理决策信息支持系统。引进获得国际权威机构高度认可的 PADIS-INT 人口预测通用软件系统，与全员人口信息系统对接，形成符合青岛实际的人口宏观决策支持平台，通过多种形式的预测，直观地查看全市总人口、死亡、出生、劳动力、抚养比、迁移、年龄别人口、人口金字塔等情况，实现人口发展动态监测、综合分析、预警预报，为青岛率先实现人口科学、均衡地发展提供决策依据和数据支撑。

自主研发推进信息化建设整体上水平。全面启用人口电子地理信息系统（GIS），将人口和计划生育信息融入政府电子政务平台，研制出"全貌显示、户况定位、分类明晰、动静结合"的电子地理信息系统，实现了全市实有人口信息的准确定位，直观显示楼院户况、驻街单位和药具发放点的分布等信息，更好地引导各项管理服务的落实。

建立 3G 智能移动平台。利用 3G 技术，将新 WIS 系统与基础信息共享平台、全员人口信息系统整合到 3G 手持终端，基层配备 5000 多部 3G 智能移动手机，基层工作人员每天采集、变更信息 2000 多条，随时随地查询、录入、变更有关实有人口信息，并落实相关考核调查任务，形成了实时管理、实时服务、实时办公的高效工作流程。

完善综合管理服务机制，破解流动人口及城市人口计生工作难题

2010 年以来,青岛市人口计生委协调人力资源和社会保障等部门出台设立计生公益性岗位及聘用协管员的指导性文件,城区每个社区居委会设立 1 个计生公益性岗位,每 400～500 户居民设立 1 个计生协管员岗位,专职负责人口计生工作,解决镇(街)、村(居)计生工作人员数量偏少、年龄偏大的问题。联合公安、人力资源和社会保障、工商、城乡建设委等 10 个部门,先后出台了《关于进一步加强流动人口计划生育综合管理工作的意见》等文件,实现了部门之间流动人口信息共享,规范了流动人口管理服务工作流程、标准和要求,全面推行和深化计划生育属地化管理,对驻街单位计划生育工作实行分类指导,加强对高档楼宇内单位、人户分离等重点对象的计划生育服务管理;将人口计生工作全面融入社区整体工作,落实以房管人、以业管人、以信息管人等措施,通过行业组织、社会组织、部门配合等方式,加强信息变更、分类管理、亲情服务等综合管理,努力探索"综合管理、家庭指导、信息推动、通报公示"为一体的城市人口计生社会管理"青岛模式"。

2011 年市委、市政府下发《关于完善服务管理体制,推进流动人口计划生育基本公共服务均等化工作的意见》,已有 190 万人次新市民享受宣传教育、免费技术服务、生育登记和优生促进、奖励优待、困难救助、便民维权、社会保障和优先优惠七个方面的均等化服务。《人民日报》和《人民日报内参》报道了我市的做法。

2012 年,市人口计生委与市财政,公安、教育等 17 个部门联合下发了关于《青岛市流动人口计划生育基本公共服务均等化职责任务分解》的通知,明确了各职能部门提供的具体服务项目。流动人口在孕期和分娩过程中与户籍人口享受同等服务,流动人口享有国家规定的传染病防治、儿童计划免疫等基本公共卫生服务;符合条件的流动人口的子女可按规定参加城镇居民基本医疗保险,失业半年以上的符合条件的流动人口可领取失业保险金;符合入学条件的外来务工人员子女与本地学生平等接受义务教育,符合条件的流动人口困难家庭可申请包括学前教育在内的各学习阶段的政府助学金;在工商注册登记和其他服务方面,为流动人口与户籍人口提供相同的待遇;将流动人口职工纳入困难帮扶范围;向符合法律援助条件的包括流动人口在内的困难群众提供法律援助等一系列均等化待遇。

在全市普及发放"新青岛·新市民·新家园"服务卡,推进流动人口均等化服务。流动人口持卡享有与户籍人口同等的计划生育惠民政策以及社会保障等 10 个部门的服务项目、203 家社会加盟单位的免费或优惠服务,已有 44.09 万人次受益。

将计划生育技术服务融入社区公共卫生事业，
促进人口计生服务逐步向人口家庭公共服务转变

加大市人口计生医院的设备配备和更新力度，配备进口四维彩色超声诊断仪、宫腔镜、腹腔镜、全自动 DNA 测序仪、全自动生化分析仪等先进医疗设备；引进硕士研究生以上学历专业技术人才，不断拓展服务职能，打造市级优质服务载体，发挥市级服务机构服务、培训、技术引领的作用，推进全市计划生育优质服务提质、提速。

市人口计生医院承担起市南区部分社区孕前优生健康检查、生殖健康的检查和孕环情监测项目，同时，开通了 24 小时紧急避孕咨询服务热线，随时为育龄群众提供免费的计划生育、优生优育、生殖健康咨询服务。2011 年以来，围绕全市"和谐家庭促进计划"，开展了青春期性教育、婚育期生殖保健与咨询、优生优育、避孕节育、不孕不育、更年期保健以及各种相关信息的指导，开展了宫颈癌筛查项目、乳腺疾病防治门诊、孕前优生健康检查等工作。今年，市人口计生医院与市立医院集团签约，共同开展"两癌"筛查及后续检查治疗工作。

依托市人口计生医院、区（市）和镇（街）计划生育服务站及社区工作站，打造"一刻钟计划生育技术服务圈"。2011 年以来，围绕全市"和谐家庭促进计划"，面向户籍人口、流动人口，实施"阳光宝贝计划"等 8 个万人公益服务项目，打造出 199 个社区和谐幸福家庭创建示范点，开展婴幼期、青春期、新婚期、围孕期、避孕节育期、围绝经期、老年期等系列保健服务，促进人口和计划生育服务逐步向人口家庭公共服务转变。2012 年，全市已有 28.5 万人受益，城市社区覆盖率和农村村居覆盖率分别达到 100％和 84.25％。

（《青岛财经日报》2013 年 5 月 8 日 A19 版）

理论篇

检查浅议

　　检查是上级部门对下级部门的工作职责履行情况进行客观、公正地考核、评估，以发现问题、解决问题，促进工作不断改善的手段。近年来，我省计生工作取得了显著成绩，一个重要的原因就是有一套严格、科学的检查考核体系。

　　在实际工作中，检查与被检查是一对矛盾。从各基层单位的情况来看，大家都想争先创优。有些单位怕自己的工作被检查出问题，影响考核位次，到检查时就手忙脚乱，甚至想方设法讲情、送礼，要求检查人员最大限度地降低标准。由此导致检查者在考核时左右为难，有的难过人情关，不能真正做到一碗水端平，未能很好地履行工作职责；不少被检查者对检查中发现的问题不能心悦诚服地接受，反而认为这是故意"挑刺"，好像检查者跟他过不去。

　　笔者认为，检查者既然代表上级部门履行工作职责，就必须严肃、认真地行使党和人民赋予的权利，客观、公正地对基层的工作做出科学的评估，指导基层改进工作，促进工作开展。被检查者应正确对待上级部门的检查。首先，平时要扎扎实实地做好各项工作，真正将计划生育"三为主"工作方针落到实处。其次，要端正迎检态度，真正把上级部门的检查视为检查工作得失的一个有利时机，以谦虚、诚恳的态度，积极配合上级部门做好检查。只有这样，检查与被检查这对矛盾才能达到统一，才真正有利于计划生育事业的健康发展。

　　　　　　　　　　　　　　　　　　　　《山东人口报》1998 年 11 月 19 日 1 版）

亲自抓重在抓"亲自"

　　近日,在某市人口与计划生育领导小组召开的部门联席会上,当市长询问某局一位领导其单位履行人口计生工作职责的有关情况时,这位领导支支吾吾地回答说,他不太清楚,局长有事让他来"替会"。这位市长当即严肃地批评说:"既然不了解情况,为什么还要来开'替会'?!局长有什么事会比计划生育会议更重要?!"一席话说得这位同志哑口无言。

　　坚持党政"一把手"亲自抓、负总责,这是中共中央在《关于全面加强人口和计划生育工作统筹解决人口问题的决定》中一直强调的,也是做好人口计生工作的关键。当前,我国人口发展呈现出前所未有的复杂局面,低生育水平面临反弹的现实风险,统筹解决人口问题的任务更加艰巨,没有"一把手"亲自抓、负总责是不行的。只有各级党政"一把手"真正亲自承担起实现本地区、本单位人口计生工作的责任,才能全面协调社会各界力量,形成齐抓共管人口计生工作、统筹解决人口问题的合力。但个别领导虽然口头上对人口计生工作重视,其实并没有真正落实在行动上,或者说落实得还不够到位;有的领导仅仅将重视人口计生工作表现在迎接检查等一些表面工作上,而对于一些需要他亲自出面协调解决的关键性问题却不管不问,致使工作难以顺利开展。实践证明,哪个地方的党政"一把手"真正亲自抓了,哪个地方的人口计生工作的质量和水平就会显著提高;哪个地方的领导玩"花架子",耍"嘴皮子",哪个地方就会不断冒出问题。

　　亲自抓、负总责不是一句口号,而是要落实在具体行动上。只要各级领导都能真正做到思想认识到位,措施落实到位,负起领导责任,亲自扑下身子去抓,人口计生工作就一定能够扎实推进,人口问题就一定能够得以圆满解决。

　　　　　　　　　　　　　　　　　　(《山东人口报》1998年12月14日1版)

配备"生殖保健员"好

随着计划生育工作"两个转变"的逐步推进,近年来,各地计生部门普遍强化服务意识,力求为群众提供全面、优质的服务,但如何将计划生育优质服务工作落到实处,真正使群众满意,是大家在实践中正在探索的问题。

前不久,笔者欣闻作为全省计划生育优质服务试点市的胶南市,在全市 170 个试点村中选配了 184 名 35 岁左右、初中以上文化程度的女性"生殖保健员",经过系统培训,使其掌握妇幼保健、生殖健康等服务内容及操作规程,为育龄群众及时提供相关的咨询和技术服务,深受群众的欢迎。笔者在调查时耳闻目睹群众的满意之情,禁不住拍手叫好。

村里配备"生殖保健员",好就好在能够有效地将计划生育优质服务的一系列内容落到实处。尤其是生殖保健服务,必须有专业人员落实。村里有了一位既具备专业知识、又热情服务的"生殖保健员",也将进一步树立计生干部的良好形象,密切党群、干群关系,逐步增强村级自治能力,计生工作也会收到事半功倍的效果。否则,不仅难以提高群众的生殖健康水平,所谓的优质服务也将会成为一句空话。

当然,笔者为村级配备"生殖保健员"叫好,并非主张计生干部越多越好。如果现有的计生专业人员经过培训学习,能够"一专多能",担当起育龄群众生殖保健工作的重任,自然更好;而那些技术服务质量不过硬的村,是不是也应该借鉴一下胶南的做法,至少培养一名出色的生殖保健人员,为群众做好保健服务呢?

（《青岛日报》1999 年 7 月 31 日 11 版）

人口计生干部应着重提高"四种能力"

中央《关于全面加强人口和计划生育工作统筹解决人口问题的决定》对新时期人口计生工作的目标、任务提出了全新的要求,人口计生干部要适应新形势的发展要求,将中央《关于全面加强人口和计划生育工作统筹解决人口问题的决定》精神落到实处,应着重提高以下"四种能力"。

一是提高谋发展的能力。首先,要提高分析判断能力。中央《关于全面加强人口和计划生育工作统筹解决人口问题的决定》的出台标志着人口计生工作进入了稳定低生育水平、统筹解决人口问题、促进人的全面发展的新时期,人口计生工作面临的形势更加严峻,任务更加艰巨。这需要人口计生干部深入实际,调查研究,找准本地统筹解决人口问题的薄弱环节,分析当前制约人口计生工作发展的主要困难和突出问题,提出有针对性的意见、建议,为党委、政府统筹决策当好参谋。其次,要提高研究、把握经济社会发展方向的能力。统筹解决人口问题的措施是否具有生命力和可行性,取决于它是否适应经济社会发展的大势,而研究、把握经济社会发展方向,是科学制定人口发展规划、统筹解决人口问题的重要依据。人口计生干部不能孤立地"就计划生育抓计划生育",而要树立全局观念,把人口计生工作融入经济社会发展全局,及时研究、把握经济社会发展方向,使人口计生工作方向与其保持一致。再次,要提高筛选、甄别项目的能力。新时期,人口计生工作要有新突破、新发展,必须借助大项目,实施项目带动战略。人口计生干部要学会筛选、甄别项目,利用超前的思维,发展对人口计生工作有重大突破的项目,以创新项目带动工作的全面发展。

二是提高抓落实的能力。首先,要强化抓落实的具体措施。既要制定出长期工作目标,也要有短期工作计划;要把责任目标层层分解,落实到具体部门、责任人,促进目标责任的落实;对工作中的薄弱环节和问题,要出台详细的整改措施,限期完成。其次,要建立抓落实的长效工作机制。建立领导带头抓落实的责任机制、督促检查机制、监督制约机制、目标考核机制、奖惩激励机制和用人导向机制等,以确保各项工作落实到位。再次,营造抓落实的强劲氛围。通过开展行风建设等活动,全面提升行政效能。集中一段时间,对全体人口计生干部加强作风建设,通过学习动员、查摆整改、总结提高几个阶段,营造抓工作落实的强劲氛围,争创一流的工作业绩。

　　三是提高解难题的能力。首先要有解决难题的勇气。计生工作被称为"天下第一难事""天下第一要事"，统筹解决人口问题更是难上加难。人口计生干部要有不怕难的勇气，敢于啃"硬骨头"，面对棘手的问题，必须迎难而上，直颜面对。其次，要有解决问题的智慧。人口计生干部不仅要精通人口计生业务，还要具有丰富的知识，只有具有丰富的知识，才能有效地解决一些热点、难点问题，才能更好地适应新形势下人口计生工作的发展需要。再次，要善于把握规律，学会总结规律，利用规律指导工作。随着市场经济的发展，人口计生工作面临许多新情况、新问题，要解决好这些难点问题，仅仅靠勇气、靠热情是不够的，还需要人口计生干部善于分析、总结，找规律、抓典型，以召开现场会等形式，推广典型经验，以点带面，推动工作的全面发展。

　　四是提高组织协调能力。中央《关于全面加强人口和计划生育工作统筹解决人口问题的决定》提出了统筹解决人口问题的五大任务，要圆满完成这些工作任务，统筹解决、综合施治是关键，并非人口计生部门单打独斗就能奏效。人口计生干部，特别是担任领导职务的人口计生干部，要具有较好的组织协调能力，调动社会各界的力量对人口问题齐抓共管、综合治理。第一，要协同部门内部力量，形成合力，心往一处想，劲往一处使，履行好部门工作职责。第二，要积极发挥参谋助手作用。对人口计生工作中出现的新情况、新问题，对统筹解决人口问题的新措施、好办法，要拿出初步的方案，及时向党委、政府做出汇报，争取党委、政府对人口计生工作的重视和支持。第三，要善于沟通、协调。加强与相关部门的沟通、协调，积极争取相关部门及社会各界对人口计生工作的理解和支持，形成统筹解决人口问题的合力。

（《中国人口报》2007 年 11 月 9 日 3 版）

深化新时期人口计生宣教工作的思考

新时期,人口计生工作进入稳定低生育水平、统筹解决人口问题、促进人的全面发展的新阶段,深化人口计生宣传教育工作尤为重要和迫切。笔者认为,要做好这项工作,就应在加大经费投入力度、加大考核分值权重、创新工作思路和改进方式方法等方面下功夫。

加大经费投入力度

随着经济发展和人们生活水平的提高,新时期开展人口计生宣传教育活动,对人、财、物的要求越来越高,人口计生宣传教育经费应随着人口计生经费总额的增加而增加,年初做好开展活动、购买设备的各项预算,年底逐项检查,防止挤占、挪用资金。同时,要结合队伍职业化建设,着重抓好基层人口计生宣传员队伍建设,确保有组织、有经费、有活动、有成效。可以尝试从艺术院校大中专毕业生和转业军人中招聘文艺宣传人才,壮大人口计生宣传工作队伍。要因地制宜,建设和使用好人口学校、人口文化长廊等阵地,增加投入,更新设备,使之真正成为开展人口计生宣传教育、满足群众生育文化需求的载体。

加大考核分值权重

30 多年的计划生育工作实践证明,人口计生宣传教育是转变群众的婚育观念,推动人口问题统筹解决的根本举措,但近年来,有的地方有弱化人口计生宣传教育工作的趋势,在设置人口目标责任考核分值时降低人口计生宣传教育工作的分值,对人口计生宣传教育工作没有像抓合法生育率那样下大气力,导致计生工作事倍功半。新时期对人口计生宣传教育工作提出了更高的要求,在设置人口目标责任考核分值时应加大人口计生宣传教育工作的分值权重,尤其要加大各级党校的人口理论教育、社会文化宣传、群众应知应会等项考核指标的权重。

创新工作思路

要围绕深入学习实践科学发展观活动,创新人口计生宣传教育工作思路,推动人口计生工作持续健康发展。一是坚持"以人为本",以人的全面发展为中心,真正把群众作为计划生育的主人,把解决群众最关注、与群众利益联系最密切的问题,作为人口计生宣传教育的出发点,以群众满意不满意、赞成不赞成作为衡量工作的标准,树立新时期人口计生宣传教育工作的良好形象。二是要把人口计生宣传教育工作放到全面建设小康社会的大格局中,跳出"就计划生育宣传计划生育"的狭小圈子,紧密围绕党委、政府工作大局,贴近经济建设中心,贴近群众需求,争取和运用相关社会经济政策和社会力量做好计划生育"大联合、大宣传"。由过去计生部门"唱独角戏",向党委宣传部门牵头、部门配合、齐抓共管转变;由过去只重宣传人口控制结果,向既重宣传人口控制效果,更注重宣传提高人口素质、改善人口结构、促进人口合理分布转变,从而为统筹解决人口问题提供舆论支持。

改进方式方法

新时期,要针对不同人群的需求,顺应群众求知、求新、求富、求美的心理,不断拓展宣传内容,创新宣传形式。一要分层次开展宣传教育。在农村,要着重进行晚婚晚育、计划生育、生殖健康等知识的宣传教育,引导广大育龄群众树立科学、文明的婚育观念,自觉实行计划生育,少生、优生;在城市,突出抓好出生缺陷危害及预防、新婚健康检查及优生优育知识的宣传。要针对不同年龄的需求,实施分类宣传指导,比如,在中学生、大学生以及外出务工人员中,要主要宣传性与生殖健康知识、艾滋病预防知识等。二要不断丰富宣传手段。利用人口学校、悄悄话室、多媒体触摸屏、电教设备等进行培训指导,使育龄群众掌握人口计生基础知识;利用广播、电视、报纸等传媒形象、直观、方便、快捷的优势,开辟网上人口学校、计划生育宣传教育专栏,举办专题讲座、知识竞赛,发送手机短信,以此来宣传基本国策,传递信息资料,不断提高人口计生宣传教育的感染力。三要灵活机动,抓好随机教育。适应对流动人口难以统一安排时间集中学习的特点,建立流动人口宣传教育机制,采取登门、打电话、寄信函等手段,做好跟踪宣传服务,确保人走到哪里,宣传教育跟到哪里,不断增强人口计生宣传教育的实效性。

(《中国人口报》2009 年 5 月 20 日 3 版)

关于建立完善人口计生利益导向政策的几点思考

中央《关于全面加强人口和计划生育工作统筹解决人口问题的决定》明确指出,建立和完善政府为主、社会补充的人口和计划生育利益导向政策体系。近年来,各地结合实际普遍建立了人口和计划生育利益导向机制,有效推动了人口计生事业的健康发展,促进了人口与经济、社会、资源环境的全面协调和可持续发展。笔者认为,现阶段,建立和完善人口和计划生育利益导向政策应把握好以下几点。

加强调研,真诚倾听群众呼声

人心向背是决定一个政党、一个政权兴衰的根本性因素,也是各级人口计生干部开展工作能否取得成效的关键所在。无论是制定政策还是推进工作,只有得到人民群众的拥护和支持,才能取得实实在在的效果。这就要求各级领导干部在制定和完善人口计生利益导向政策前深入基层、深入群众、深入计划生育家庭,调查研究,真诚倾听群众的呼声,把群众的呼声当成"第一信号"。全面掌握第一手材料,正确把握群众的愿望,明确工作重点和努力方向,从而在制定和完善人口计生利益导向政策和实际工作中,把群众的愿望反映出来、体现出来,为民谋利,为民造福,着力解决好计划生育家庭最关心、最直接、最现实的利益问题,特别是关心解决计生困难家庭的生产、生活问题,多做"雪中送炭"的事,多尽"扶危济困"的力,真正使实行计划生育的家庭得到实惠。

政府牵头,建立完善统筹解决人口问题的综合决策机制

以人为本的人口计生利益导向政策,是政府对为计生国策做出特殊贡献的计划生育家庭的一种褒扬。毋庸置疑,随着经济成分多元化和政府职能转变,一些社会经济政策与人口计生政策出现了不兼容的情况。比如,在征地补偿中,由于集体土地补偿政策在基层大都是按人头兑现,违法生育户的收益远远高于计划生育户。尤其是一些城乡接合部,由于补偿较高,这种收益上的反差更大。教育"两免一补"、助学等政策对困难家庭实行的都是普惠制,并没有体现对计划生育户的特殊照顾或区别对待。要真正让计划生育家庭得实惠,必须由政府牵头,对各项社会经济政策中与人口计生工作不兼容的问题进行梳理,进一步整合社会资源,出台有利于统筹解决人口问题的社会经济政策。在继续完善计生利益导向政策体系的基础

上,对某些社会经济政策与计生政策不兼容的地方和现象进行清理、清查,对凡是影响人口计生工作的条款和文件要及时修正和废止,对相关部门是否出台了有利于人口计生工作的政策予以奖惩,真正建立起统筹解决人口问题的综合决策机制,增强统筹解决人口问题的力度。

加大投入,建立稳定增长的长效投入机制

建立、完善人口计生利益导向政策体系,根本上是一个经济问题,政府以投入促进计划生育基本国策的落实。但客观地说,在目前社会保障机制尚不完善的前提下,各地人口计生利益导向政策体系的覆盖面、奖扶度还有一定的局限性,特别是独生子女奖励费的数额太低,即使在经济较好的地区,独生子女奖励费每月也只有十几元钱,部分企业更没有落实独生子女父母退休后应享受的一次性养老补助,农村部分计划生育家庭奖励扶助制度的示范引导作用有限等。这一切都不能很好地促进人口计生工作的开展。必须建立政府为主、社会补充的长效投入机制,进一步加大财政投入力度,由政府牵头,组织财政、教育、人口计生、民政、卫生、劳动保障等具有社会保障职能的部门参加,共同把党委、政府出台的针对农民家庭的普惠政策和资源有效整合,让农村计划生育家庭优先享受这些政策,充分体现党委、政府对计划生育家庭的利益政策导向。同时,要建立稳定增长的投入机制,确保人口计生利益导向政策所需要的经费的落实。

结合实际,不断丰富完善利益导向政策体系

建立和完善人口计生利益导向政策体系不能搞一刀切,各地必须根据自己的实际情况和群众需求,制定切合实际的政策,通过宣传教育和利益导向使广大群众转变旧的婚育观念,树立科学、文明的新型婚育观念,满足群众在求知、求富、求美、求健康等方面的多种需求。要建立和完善有利于男女平等及计划生育家庭发展的利益导向政策和社会保障机制。同时,要把人口计生利益导向政策的落实与"关爱女孩行动"有机结合起来,严厉打击和杜绝违法鉴定胎儿性别和选择性终止妊娠的行为,坚决禁止歧视、虐待、遗弃女婴,依法打击贩卖、残害女婴等违法犯罪行为,切实为女孩的健康成长创造良好的社会环境。在社会主义新农村建设中,要结合创建"婚育文明、生活宽裕、求知育才、生殖健康、和谐幸福"的"甜蜜之家"的标准,以求真务实的态度和创新精神,不断丰富、完善人口计生利益导向政策体系,有效化解、主动破解工作中的难题,推动人口计生事业站在新起点,实现新发展。

(《中国人口报》2010 年 3 月 19 日 3 版)

农村人口文化建设的实践与思考

近年来,青岛市人口计生部门依托新农村文化建设,进一步加强了农村人口文化建设,依靠并动员社会各界力量,深入开展了婚育新风进万家、"甜蜜之家"创建等农村人口文化品牌活动。全市农村人口文化工作实现了快速发展,有效促进了乡风文明和群众婚育观念的转变,"生男生女一样好"等新型婚育观念逐步深入人心。

主要做法

第一,政府投入,加强了新农村文化建设。

改扩建村居文化室。2006年市政府出台了《关于加强农村文化建设的实施意见》,提出实施"新农村文化家园"工程,完善农村公共文化服务体系。2006—2008年每年改扩建1200处村文化活动室,并配备图书架、图书、桌椅、音响、锣鼓、投影仪和文化共享机等设备。据统计,市、区(市)两级累计投资4.19亿元,改造建设镇、村文化活动场所3684处,全市5460个行政村文化活动室的平均面积达到127平方米,建有"三室一院",即图书阅览室、综合文体活动室、文化培训室和文化大院,提前1年实现了中央提出的"村村有文化活动室"的目标。积极实施"文化家园工程",开展文化下乡、电影下乡、图书下乡、文艺下乡以及组织群众文化活动等,活跃农村文化和农民生活,推动了新农村文化建设大发展、大繁荣。

第二,依托、融入,推动农村人口文化建设走上了"大合唱、大联合"之路。

各级联合科技、教育、卫生等相关部门共同组织开展"三下乡"等丰富多彩的人口文化活动;坚持资源共享原则,把农村人口文化建设纳入全市"农村文化家园"建设工程,完善阵地,拓展功能,共同发展。全市60%的农村建立了人口文化大院。全市文化大院中,具有人口文化职能和开展人口计生宣传教育活动的达100%。农村人口文化得到加强。所有已建农村图书阅览室有人口计生方面的图书、报刊;所有村在开展的农民培训中设立了人口计生政策法规、生殖健康知识培训;农村近6000个村居科普宣传专栏中,每年至少宣传一次人口计生法规和生殖健康知识。群众性文化活动有了新的发展。去年全市农村开展人口文化活动约2万场次,参加群众达到300万人次,群众参与的积极性大大提高。

第三,创建品牌,推动农村新型人口文化健康发展。

全市以"宣传教育进村、婚育新风进家"为重点,深入开展婚育新风进万家活动。各区(市)突出区域地方特色,开展丰富多彩的人口文化活动。胶州市近10万育龄妇女经常参加扭秧歌活动,她们围绕"弘扬优秀传统文化,丰富群众精神生活,推进百姓生育文明,建设新型人口文化"的主题,开展"秧歌情"人口文化广场活动,把先进的人口文化与群众喜闻乐见的地方传统文化结合起来,吸引群众广泛参与其中。崂山区的"渔家乐"人口文化宣传周、莱西市的"生育文化一条街"、胶南市的"计生茶座文化"等活动都各具特色,形成了特色人口文化品牌。深入开展了以"甜蜜之家"为主题的新农村、新家庭创建活动,并取得显著成效。目前,按照"婚育文明、生活宽裕、求知育才、生殖健康、和谐幸福"的"甜蜜之家"标准,已命名市级示范户2000个、区(市)级示范户6490个;按照"群众婚育观念新、乡风文明程度高、人口文化活动好、计生家庭致富快、'甜蜜之家'创建广"的标准,已命名市级示范村200个、区(市)级示范村(居)546个。"甜蜜之家"的创建得到了广大基层和干部群众的积极拥护,产生了良好影响。

几点思考

第一,提高认识,充分认识加强农村人口文化建设的重要意义。

当前,我国进入了全面建设小康社会的关键时期和深化改革开放、加快转变经济发展方式的攻坚时期,文化越来越成为综合国力竞争的重要因素,越来越成为经济社会发展的重要支撑。人口文化是中国特色社会主义文化的重要组成部分,而农村是传统人口文化影响根深蒂固的地区。做好农村人口文化建设,不仅是稳定低生育水平、统筹解决人口问题的基础性工程,对于深化改革开放、加快转变经济发展方式也起着重要的促进作用。因此,各级必须高度重视农村人口文化建设的基础地位和作用,将人口文化工作列入人口责任目标考核,逐步加大考核权重,推进各项工作取得新成效。

第二,整合资源,协力推进。

各级应加大协调力度,定期召开协调会,在推进"农村文化家园"工程中同步发展人口文化。各级人口计生部门要做好融入工作,坚持场所、设施、设备资源共享。同时,积极争取党委、政府将农村人口文化建设纳入文化部门履行人口计生职责责任书,督促将人口文化建设切实纳入"农村文化家园"工程中,做到有措施、有效果。

第三,结合实际,制定农村人口文化发展纲要。

农村基础工作发展不够平衡,各级要根据当地的实际情况,制定切实可行的人口文化发展纲要,确定分阶段的目标、任务、重点和推介品牌,把人口文化建设的长期目标与阶段任务相结合,达到整体连贯、局部推进、整体发展。另外,要进一步研究人口计生宣传教育改革创新问题,在改革创新中推进人口文化建设。

第四,因地制宜,形成具有地方特色的经验和品牌。

要坚持因地制宜,分类指导,坚持人口文化多元化发展思路,在经济社会发展条件不同、人口计生工作基础不同、民风民俗不同的地方,总结、积累模式不同的经验。可以以区(市)为单位,形成"一区(市)一品牌、每年都有新亮点"的发展格局。

(《人口与计划生育》2012 年第 2 期)

让群众享受更加优质的服务

前不久,国家人口计生委提出要实现"三个突破",推进优质服务基本覆盖。一要以创建优质服务示范站(中心)为突破口,全面提升服务能力;二要以打造信息化服务站为突破口,全面提升科技管理服务水平;三要以实施"国家免费孕前优生健康检查项目"为突破口,探索提高出生人口素质的新途径。这意味着各级计划生育服务机构要在标准化、规范化建设的基础上,进一步提升服务能力,让育龄群众享受到更优质的避孕节育、优生优育、生殖健康等服务。

进入21世纪以来,全国各地普遍加大投入,进行了县、乡计划生育服务机构标准化、规范化建设,基本达到了"服务功能齐全、配套设施完善、服务流程合理、服务环境温馨"的要求。然而,不容回避的是,随着物质文化生活水平的提高,育龄群众宁肯舍近求远,进城享受专业水平更高、更优质的专家级服务,致使部分基层计划生育服务站"门前冷落",甚至沦为形象工程。究其原因,是这些基层计划生育服务机构的技术服务水平还不够高,缺少群众信赖的专家级人才,尚不能满足育龄群众在优生优育、生殖健康等方面更高的需求。如何在科技创新、提升服务能力等方面实现新的突破,真正满足育龄群众在优生优育、生殖健康等方面不断增长的需求,成为摆在各级计划生育技术服务机构面前的重要课题。

实现"三个突破",推进优质服务基本覆盖,是新形势下进一步提升计划生育技术服务机构服务能力和服务水平的重要举措,也是全面落实科学发展观,推动人口和计划生育工作不断上水平的必然要求。前不久,我市成立人口和计划生育医院,是推动全市计划生育技术服务实现"三个突破",提高服务水平的重要举措。只有在提升服务能力和科技管理服务水平等方面实现新的突破,才能推动计划生育优质服务的水平不断提高;只有不断拓展服务领域,积极探索提高出生人口素质的新途径,切实打造一支专家级的技术服务队伍,才能让育龄群众在家门口享受到专家级的优质服务,更好地满足育龄群众的需求。

(《中国人口报》2010 年 5 月 21 日 1 版)

为"实时预警"叫好！

据报道,青岛市从今年4月份起实行人口计生目标管理责任考核情况定期通报、实时预警制度。

人口计生目标管理责任考核情况定期通报、实时预警制度,改变过去人口计生目标管理责任情况年终集中考核、"一锤定音"的做法,加大日常考核督导的工作力度。市人口计生工作领导小组通过相关部门信息比对、信访举报查处、网上监控、网络舆论监督等形式,对各区(市)人口计生工作进行实时考核,每月、每季度、每半年向各区(市)人口计生"五职责任人"(党委、政府主要领导、分管领导、人口计生局长)通报考核有关情况,表彰先进、鞭策落后,并对工作达不到要求或可能完不成责任指标的区(市)、镇(街),随时发出针对各区(市)人口计生"五职责任人"的预警通报,并通过召开会议、座谈交流或下发文件等形式,督促帮助基层有针对性地查摆问题、纠正和解决问题,克服年终发现问题无法及时解决的弊端。此举对于充分发挥人口计生目标责任考核工作的导向作用,督促帮助基层及时改进工作、推动人口计生工作持续健康发展无疑具有十分重要的意义。

实行人口计生目标管理责任考核情况定期通报、实时预警制度,是稳定低生育水平、统筹解决人口问题的重要举措,只有定期通报、实时预警,才能及时克服各级盲目乐观和麻痹松劲的情绪,不断增强做好人口计生工作的坚定性、主动性和创造性。实行人口计生目标管理责任考核情况定期通报、实时预警制度,也是新时期落实"三为主"工作方针的深入实践。只有定期通报、实时预警,才能促进基层将经常性工作落到实处,才能不断研究新情况,制定新对策,坚持不懈地做好新时期的人口计生工作。

（《中国人口报》2010 年 6 月 8 日 1 版）

人口计生工作者贵在有"三心"

近年来,各地不断创新工作思路,创建了"建家计划""知心服务"等服务品牌,对调动人口计生工作人员的积极性、推动工作不断上水平发挥了重要的作用。笔者认为,无论创造什么品牌,对于人口计生工作人员来说,为育龄群众提供优质服务,必须做到热心、尽心、精心。

热心,体现了一种积极向上的工作态度,这是干好人口计生工作、推进人口计生事业健康发展的前提。没有热心,就没有为育龄群众热情服务的意识,工作就很难有起色。热心对待人口计生工作,就应该不断增强责任感和使命感,满腔热情地投入工作之中,奋发向上,开拓进取。然而,现在少数人口计生工作人员对待工作缺乏热心。有的没有明确的目标追求,精神萎靡不振;有的责任意识不强,干工作敷衍塞责、漫不经心;有的满足于以往取得的成绩,居功自傲,缺乏进取心。凡此种种,都会给人口计生工作的健康发展带来不利影响。统筹解决人口问题,需要在人口计生干部队伍中大力营造热心工作、积极进取的氛围和环境。

尽心,体现了一种尽职尽责的敬业精神,这是干好人口计生工作、推进人口计生事业健康发展的关键。干事创业,仅有一腔热情是不够的,必须把热情化为尽职尽责的具体行动。德国文豪歌德说过,"尽力去履行你的职责,那你就会立即知道你的价值。"尽心对待工作和事业,就是持之以恒、坚持不懈,而不是半途而废、一曝十寒;就是做到以大局为重、以人口计生事业为重,而不是对自己有利的就干,对自己无利的就不干或者少干。在这方面,许多先进典型为我们做出了榜样,例如,第六届中华人口奖得主李金萍是沈阳市大东区永丰社区计生协会副会长,两度爬过"生死线",头部仍残留瘤体,但她坚守岗位,尽职尽责,把收入和爱心全部献给困难群众……广大人口计生干部应以先进典型为榜样,恪尽职守,怀抱一颗赤子之心,忠诚于党和人民,忠于人口计生事业,永远做人民的公仆;默默耕耘,在平凡的工作岗位上尽力尽职,敬业奉献。

精心,体现了一种精益求精的责任意识,这是干好人口计生工作、推进人口计生事业健康发展的保证。精心建立在热心和尽心的基础上,是一种更高层次的要求。精心对待人口计生工作和事业,就是脚踏实地、扎扎实实,把有限的精力投向主要工作,专心致志钻业务,全力以赴求发展,与时俱进谋创新。坚持高标准、严要求,善于从大处着眼、小处着手,为育龄群众提供耐心、细致、周到的服务,不留有任何疏漏,不断提升人口计生工作的质量和服务水平,不断开创人口计生事业发展的新局面。

《《中国人口报》2010 年 10 月 17 日 3 版)

有感于"从根本上稳定低生育水平"

"青岛要率先从根本上稳定低生育水平。"这是前不久省人口计生委主任盖国强出席青岛市人口与发展研究领导讲坛做专题工作报告时对青岛市提出的要求,也是对青岛市的殷切期望。笔者认为,要从根本上稳定低生育水平,必须通过深入、持久的宣传教育,在全社会营造有利于人口计生工作的良好社会环境和舆论氛围。

宣传教育作为计划生育"三为主"工作方针的首要一条,是实行计划生育30多年来经过实践检验的转变群众婚育观念的根本举措,也是我们党的政治优势。群众看人口计生工作抓得紧不紧,某种程度上是看宣传教育氛围是否浓厚。纵观全省乃至全国各地,凡是人口计生工作搞得好、低生育水平长期保持稳定的地区,都始终坚持了"三为主"工作方针,而且通过深入、持久的宣传教育营造了良好的社会环境和舆论氛围,引导群众树立起科学、文明的婚育观念;而部分工作比较落后和被动的地区,主要原因是没有持之以恒地开展工作,尤其是没有在转变群众婚育观念上下功夫。这也是低生育水平面临反弹的根本原因。

据了解,近日,青岛市在胶州市召开了全市"三下乡"送温暖活动启动仪式及人口计生宣传教育工作现场会,总结、推广胶州市在人口文化建设方面的有益经验,部署2011年人口计生宣传教育工作,并提出了宣传教育上水平的系列举措。此举无疑是从根本上稳定低生育水平的良好开端。只要坚持不懈地发挥政治优势不动摇,不断推进宣传教育工作上水平,既着眼于优化社会舆论环境,开展好社会化大宣传,又面向群众做好入脑入心的宣传教育,从根本上稳定低生育水平的目标就一定会实现!

(《青岛财经日报》2011年1月26日 A21版)

有感于"做官一阵子，做事一辈子"

近日，市人口计生委主要领导在全市人口和计划生育宣传工作会上谈到"做官一阵子，做事一辈子"，要求大家趁着在职在位，好好为老百姓做点实事。品味此话，觉得很有道理，敬意油然而生。

时光飞逝，如白驹过隙，我们每个人在职在位工作的时间实在是太短暂了，"做官"真的只是一阵子，而且只是做事的一种途径、一种载体而已，"做事"才是一辈子的事情。如果把"志向"瞄准在"当官"上，一门心思想着升迁，没有树立正确的权力观，即使做了官，也不能真正为老百姓干实事，严重的还会腐化堕落，我们党的历史上这样的教训不少。相反，有的人虽然不当官，却有一分光，发一分热，力所能及地为他人、为社会做一些事情，这样的人一旦当了官，为他人、为社会做的贡献会更大！从甘当一颗螺丝钉，时时处处为人民服务的雷锋，到为了党和人民的事业鞠躬尽瘁的周恩来等领导楷模，不胜枚举。就拿我们人口计生部门的领导来说，有的以前曾身居要职，到人口计生这种人们眼中的"弱势部门"任职，同样扑下身子，用心做事，把为人民群众谋福祉放在心中最高位置，开展了"和谐幸福家庭促进计划"等大量利国利民的工作，使我市统筹解决人口问题取得了突破性进展，为全市经济社会发展创造了良好的人口环境，我市首次在全省人口计生责任目标考核中荣获第一名的好成绩。如果只想着个人得失，何谈事业发展！"立志做大事"还是"立志当大官"，是判别权力观正确与否的标准。真正的共产党人应把权力观植根于"立志做大事"上，把为民多做事、做实事、做好事、做大事作为立身之本和终身责任。

因此，我们每个人口计生干部都应该树立一辈子"做事"的观念，珍惜"做官"这阵子，切实为老百姓办实事、做好事。只有这样，我们才能真正赢得民心，我们的人口和计划生育事业才能蒸蒸日上，我们的人生才更有价值。

（《青岛财经日报》2012 年 3 月 21 日 A17 版）

"大人口"引领"大宣传"

　　前不久,市人口计生委主要领导在全市人口计生宣传教育培训工作会上总结了近年来我市人口计生宣传工作所取得的工作成效,其中谈到"主流媒体宣传,取得了至少六个第一次的历史性突破;社会舆论宣传,取得了至少八个第一次的历史性突破"。这着实令人振奋,回顾近年来我市的人口计生宣传工作,感触颇多。

　　首先,"大人口"引领全市构建起社会化"大宣传"格局,形成人口计生宣传的铺天盖地之势。近年来,市人口计生委联合市委宣传部、市文明办等15个部门出台文件,将新型人口文化建设融入社会主义文化大繁荣大发展规划;各区(市)将人口文化纳入城乡建设整体规划,融入城市特色街文化、社区文化、校园文化、厂企文化和机关文化建设中,推动人口计生宣传走上"大合唱、大联合"之路。同时,各级打造婚恋文化、孕婴文化、生育文化、家庭文化、老年文化等"六个文化",推进人口网、人口和计划生育专刊、公众电子屏幕、公告宣传牌、政务公开栏、宣传精品、公开信、宣传折页、便民服务手册"九个一"工程,形成了社会舆论宣传的"铺天盖地"之势。

　　其次,"大人口"引领人口计生工作融入经济社会发展全局,全面服务于宜居幸福城市建设,为"顶天立地"的新闻宣传创造了条件。近年来,我市将人口计生工作融入经济社会发展全局,不断拓展人口服务职能,有效破解了流动人口不断增加、人户分离、封闭物业小区等为人口计生工作带来的许多难题。围绕建设宜居、幸福的现代化国际城市,我们大力加强人口文化宣传,以先进的人口文化扮靓岛城;推行"和谐幸福家庭促进计划",实施幼儿早教、孕前优生、老年照料等九项公益性服务,实现了由单纯的计划生育服务,向全人口的综合性服务的根本转变,提升了居民幸福指数。今年《人民日报》《光明日报》1版先后刊登了我市崂山、胶州两个区(市)关爱空巢老人、"健康小屋"惠百姓的做法。宜居幸福城市建设需要我们以世界眼光、国际标准,加强人口战略研究,为幸福城市建设、为实现蓝色跨越提供有力支撑,需要我们融入蓝色经济,统筹解决好人口问题。各级将会创造更多的提升岛城居民幸福指数的好经验、好做法,"顶天立地"的人口计生新闻宣传力作将会大量涌现,人口计生宣传将迎来无比灿烂美好的春天。

　　人口计生宣传的"铺天盖地"之势、新闻宣传的"顶天立地"之作,均得益于我市近年来树立的"大人口"观念。"大人口"不仅引领"大宣传",也引领人口计生事业不断走向辉煌,也必将引领我们人口计生工作者大有作为。

(《青岛财经日报》2012 年 4 月 11 日 A17 版)

靠作为提升地位

最近到基层调研,听到一些基层计生干部自豪地说:"我们人口计生部门越来越有地位了,组织、人事部门在干部任免、提拔等重大问题上,主动征求我们人口计生部门的意见,一些社会组织举办活动,都愿意搭借我们人口计生舞台凝聚人气……"笔者欣喜之余,禁不住感叹:有作为才有地位啊!

近年来,市人口计生委切实树立"大人口"观念,转变职能定位,争取市委、市政府出台了《关于全面加强人口和计划生育工作统筹解决人口问题的意见》等文件,联合相关部门出台了《青岛市党政主要领导干部离任人口和计划生育工作交接办法》《关于进一步做好有关人口信息共享工作的通知》等文件,进一步强化领导责任,构建统筹解决人口问题的体制机制,形成统筹解决人口问题的强大合力。主动将人口计生工作融入经济社会发展全局,融入现代化宜居幸福城市建设,全面推进人的生命周期全程服务,提升居民幸福指数。在"大人口"观的统领下,人口计生工作实现了跨越式发展,2011年首次在省委、省政府人口和计划生育目标管理责任执行情况考核中荣获第一名,市人口计生委首次被省精神文明建设委员会授予"省级文明机关"荣誉称号,在市委、市政府目标绩效考核中获得优秀等次。

近年来,召开全市人口计生工作会议时,市委、市人大、市政府、市政协主要领导同志全部出席。在今年的全市人口计生工作会议上,李群书记以"大人口"观为统领,指明了青岛市人口和计划生育工作发展的方向;市委、市政府将"大人口"观纳入人口计生目标管理责任考核,在今年的《政府工作报告》中6处提到全面做好人口和计划生育工作的具体要求,充分体现出市委、市政府对人口和计划生育工作的高度重视;各级对党政领导干部的提拔、重用主动征求人口计生部门的意见;社会组织举办活动,纷纷搭借人口计生舞台。人口计生部门因此更有作为,更有地位了。

由此可见,人口计生部门能不能得到当地党委、政府的重视,能否赢得社会各界的尊重和支持,需要党委、政府领导有较强的人口意识,更需要人口计生部门自身转变职能定位,跳出"就计划生育抓计划生育"的狭小圈子,树立"大人口"观,在融入地方经济社会发展上找到结合点、切入点,以自身的作为赢得党委、政府的支持和社会各界的尊重和重视。

（《青岛财经日报》2012年4月18日 A21版）

坚持为民务实清廉,推动事业健康发展

党的十八大报告对党的建设进行了专门部署,提出"在全党深入开展以为民务实清廉为主要内容的党的群众路线教育实践活动,着力解决人民群众反映强烈的突出问题,提高做好新形势下群众工作的能力"。工作作风问题和群众路线问题关系党和国家事业的兴衰成败。当前,我们更应看到作风建设的极端重要性,全面加强党风廉政建设和行业作风建设,在系统上下形成为民务实清廉的良好氛围,真正做到以党风带政风、促行风、正作风。

为民,是党的根本宗旨。人口计生工作的最大特点是直接与群众面对面。坚持走群众路线、密切联系群众、为群众谋利益,对我们事业的发展极端重要。山东省青岛市人口计生委以争创"五好党支部""党员先锋示范岗"为切入点,积极创建"计生尖兵"党建品牌,带领全市各级人口计生部门把实现好、维护好、发展好人民群众的根本利益作为开展工作的根本出发点和落脚点,完善计生惠民政策,推进流动人口基本公共服务均等化。12区(市)党委、政府全部出台文件,率先解决了失业、无业独生子女父母年老一次性奖励这一长期以来困扰全省乃至全国人口计生工作的头等政策性难题,赢得了广大群众对人口计生工作的理解和支持。正是由于广大计生干部始终把人民群众放在心中最高位置,才得到了群众的好评。实践证明,只有始终关注群众,切实为群众着想,才能赢得群众的拥戴;只有心里装着群众,真心实意为群众办实事,才能赢得群众的支持。

务实,是党的优良作风,也是加强党的执政能力建设的必然要求。务实,要在密切联系群众上有新举措。要进一步完善深入基层调研、征求群众意见等联系群众的制度、措施,时刻把群众的安危、冷暖放在心上,及时了解群众所思、所盼、所急。青岛市人口计生委主动适应经济社会发展的需要,树立"大人口"观,提出了以"和谐人口、诚信计生"工作理念为总抓手的"一、二、三、四、五"工作思路,紧紧围绕党委、政府中心工作,积极探索以人口自身的和谐发展促进人口与经济、社会、资源、环境的全面协调可持续发展,开拓了人口计生事业更为广阔的发展前景;深入农村、社区、企业调研,问计于民,问需于民,切实让广大育龄群众感受到人口计生干部想他们所想,急他们所急。这是坚持解放思想、实事求是、与时俱进、求真务实的结果,也是人口计生干部转作风、谋转型、开拓创新、扎实工作的实践探索。深入贯彻落实党的十八大报告精神,推进人口计生事业科学发展,要进一步坚定"大人口"观念自信,坚定工作理念自信,坚定工作思路自信,求人口发展规律之真,务工作转型发展、执政为民、创新实践之实。只有这样,才能始终赢得人民群众的信赖和拥护。

清廉,是对党员干部的基本要求,也是党的事业永续发展的根本保障。青岛市人口计生事业持续健康发展,得益于全市各级人口计生部门普遍建立并完善了各项管理制度,坚持用制度规范工作,守住了为政清廉这一根本;得益于建立并完善了财务管理"五级审批、五级报批"制度等惩治预防体系,筑牢反腐倡廉防线;得益于抓党建,带队伍,积极创建了计生党建品牌,不断提高队伍素质,增强了拒腐防变能力。党的十八大报告指出,反腐倡廉必须常抓不懈,拒腐防变必须警钟长鸣。保持清廉,干净做事,应常修为政之德,常思贪欲之害,常怀律己之心,坚持高尚的精神追求,永葆共产党人的浩然正气。

(《中国人口报》2013 年 3 月 15 日 3 版)

人口关爱基金募集管理使用情况的
实践与思考

人口关爱基金募集工作是计划生育协会的一项重点工作,也是全面落实人口和计划生育利益导向政策的一项重要举措。规范人口关爱基金的募捐、管理、使用工作,对于进一步完善人口关爱救助机制,推动人口和计划生育工作持续、健康发展具有重要意义。近年来,山东省青岛市逐步完善人口关爱基金和公益金常态化救助机制,采取多种形式广泛动员各级政府、企事业单位和社会各界踊跃捐款,为计生困难家庭送去党和政府的关怀和温暖。

主要做法

第一,积极宣传发动,营造浓厚氛围。

指导各级采取多种形式广泛宣传人口关爱基金募集工作的重要性和必要性,营造浓厚的社会舆论氛围,通过发动全市计划生育协会会员交"会费",发动各级人口和计划生育行政部门、事业单位的在职干部职工及基层计划生育工作人员开展"人口关爱一日捐"活动以及社会各界特别是企事业单位捐助等,进一步拓宽"人口关爱基金"募集渠道。

第二,强化激励措施,鼓励引导捐赠。

将募捐工作情况纳入年度人口和计划生育目标责任制考核,按考核细则有关规定予以加分,对捐款数额较大的单位,在省人口关爱网站、《青岛财经日报》登报予以鸣谢;对开展人口关爱基金募集和救助工作成效显著的区(市),给予表彰奖励。

第三,严把资金账目,规范管理使用。

要求各区(市)严格按照《山东省人口关爱基金管理使用暂行办法》和《青岛市人口关爱基金管理使用实施细则》等文件精神,管理、使用好人口关爱基金,及时发放救助款项,对人口关爱基金的资金往来账目情况及人口关爱基金使用、发放情况认真做好自查。市计生协会在做好督查的同时,还联合市人口计生信息中心研发了人口关爱基金管理信息系统软件,随时掌握人口关爱基金募集、救助动态,进一步规范了对人口关爱基金的管理、使用,提高了工作效率。

几点思考

政府牵头,给计生困难家庭足够的经济救助。人口关爱基金是为开展人口和计划生育公益事业,救助计划生育特殊困难家庭设立的专项基金。基金来源包括组织募捐、接受捐赠等,但任何部门都无权规定捐赠指标,这就难以保证为计生困难家庭提供可靠的救助保障。只有政府牵头,在加强宣传、倡导社会各界积极募捐的同时,由财政拿出足够的资金用于救助计生困难家庭,才能从根本上解决计生困难家庭的困难。

科学规划人口关爱基金的募集、管理、使用工作。要由社区、街道、区(市)自下而上,逐级深入、细致地做好人口关爱基金的调查、摸底工作。各级对辖区内有多少计生困难家庭需要救助、救助数额以及有能力提供捐助的机关和企事业单位的情况都应该了如指掌,对人口关爱基金的管理、使用要做出统筹规划。此外,由政府牵头,对慈善总会、民政、妇联、残联等部门组织的"慈善一日捐"、人口关爱基金募捐等各种名目的募捐活动予以整合,做出统筹安排,科学规划,以减轻基层和干部群众的负担。

加强宣传倡导,避免给基层造成硬性摊派的印象。人口关爱基金取之于民、用之于民,募集人口关爱基金是为计生困难家庭做好事、做善事,人口计生部门应代表政府加强对这一善行义举的宣传和倡导,大力弘扬中华民族救贫济困的传统美德,宣传募集人口关爱基金对于稳定低生育水平、统筹解决人口问题的重要意义。以正确的舆论导向引导基层树立正确的政绩观,从根本上解决官僚主义倾向,避免硬性摊派现象。

建立人口关爱基金募集、管理、使用的长效机制。要在对人口关爱基金的募集、管理、使用做出科学规划的基础上,探索并建立一系列行之有效的制度,形成一种自觉自愿地募集、管理、使用人口关爱基金的长效机制。

(《中国人口报》2014 年 11 月 26 日 3 版)

从源头遏制腐败现象滋生的实践与思考

把权力关进制度笼子里,是党的十八大以来的重要反腐共识,也是从源头上遏制腐败滋生和蔓延的重要一环。近年来,青岛市市北区卫生计生局突出全面从严治党这条主线,坚持教育为本,深入开展思想道德教育、廉政文化建设,建立完善一系列廉政制度,并实施全程监督,从源头上遏制腐败现象的滋生,以反腐倡廉的实际成效,推动卫生计生事业持续、健康、稳定发展。

主要做法

第一,加强思想政治建设,把不能腐、不敢腐、不想腐融入党员干部个人言行。

以党的十八大和十八届三中、四中全会精神、习近平总书记系列重要讲话精神、党章和宪法学习为主线,统筹抓好党员干部教育培训工作。把宗旨意识和群众观教育作为中心组理论学习、党课培训、集中学习的重要内容,突出干部理想信念、宗旨意识、党风党纪、道德品行和中国特色社会主义法治教育;组织党员干部深入学习"三严""三实"的重要意义、基本内涵和精神实质,引导党员干部锤炼党性、坚定信念、提升境界,坚持用权为民、依规用权、不搞特权,筑牢党员干部拒腐防变的思想堤坝,使党员干部自觉从"不能腐""不敢腐"向"不想腐"转变。

第二,创新廉政教育形式,做到警钟长鸣。

通过开展"书记大讲坛"、开设廉政教育网上课堂、法制讲座、典型案例展示、参观警示教育基地等形式,增强反腐倡廉教育的针对性和实效性,做到警钟长鸣。对作为窗口单位的医院,重点抓好《廉洁行医规定》《药品采购办法》《财务管理规定》等规章制度的学习和贯彻落实,时刻教育干部职工廉洁行医,勤政为民。

第三,大力开展廉政文化进机关活动,弘扬正气。

深入开展以社会主义核心价值观为主题的演讲比赛、征文比赛、配乐诗朗诵等文化宣传活动,用社会主义核心价值观提升党员干部的"精气神",激发党员干部的昂扬向上的"正能量",营造敬业爱岗、促进廉洁的良好氛围,不断增强党员干部拒腐防变的能力。

第四,加强制度建设,促进党员干部廉洁用权。

围绕医疗服务、行政审批、行政执法、人事管理、财务管理等关键环节,制定廉政和监督风险防范措施,进一步完善党委议事决策机制、财务会审、执法调查回访等制度；围绕卫生计生整合后出现的新情况，重新修订廉政风险防控手册；围绕深化体制机制创新，把反腐倡廉工作要求嵌入体制、机制和权力运行的流程，做到有权必有责，用权受监督，失职被问责，违法必追究，坚决防止权力滥用，杜绝损害群众利益的不正之风；建立联席会议、预警防控和廉政教育等制度，积极探索与区检察院联合，共同开展卫生计生系统预防职务犯罪工作，通过开展法制讲座、典型案例展示等多种形式，增强教育实效。

几点思考

第一，加强政治思想教育是从源头上遏制腐败现象滋生的治本之策。

思想政治建设是从严治党的首要环节，加强对党员干部的政治思想教育，是我们党保持先进性、纯洁性，防止和抵御腐朽思想侵蚀的重要屏障。只有把政治思想教育作为加强廉政建设的治本之策，用党的先进理论、先进文化武装广大党员干部的头脑，使其树立正确的事业观、工作观和政绩观，不断增强立党为公、执政为民的宗旨意识，筑牢拒腐防变的思想防线，才能从源头上遏制腐败现象的滋生。

第二，加强反腐倡廉制度建设是构建惩防体系的核心内容和根本举措。

制度建设是党的建设的重要组成部分，加强反腐倡廉制度建设是从源头上防治腐败的根本举措。贯彻落实习近平总书记"把权力关进制度的笼子里"的重要思想，就要着力加强反腐倡廉制度建设，实现反腐倡廉建设的常态化、长效化，只有建立健全内容科学、程序严密、配套完备、有效管用的反腐倡廉制度体系，使制度真正成为党员干部联系、服务群众的硬约束，才能从源头上推进制度反腐。

第三，强化监督检查是从源头上遏制腐败现象的保障。

腐败现象滋生蔓延的一个重要原因是监督不到位。只有把完善监督制约机制作为自身建设的重要内容，加强对重点对象、重点环节、重要岗位的防控管理，理清职责权限，查找廉政风险，严格工作程序和业务流程，健全岗位责任体系，自觉接受党组织、人民群众和新闻舆论的监督，堵塞体制机制上的漏洞，才能更有效地从源头上预防和解决腐败问题。

（《中国人口报》2015 年 7 月 8 日 3 版，陈素平、罗代霞）

访谈篇

攻坚破难，创新思路，
推动人口计生工作水平不断提高

四方区是青岛市的老城区。近年来，人口计生工作面临许多困难和问题，该区积极探索，大胆创新，在城区管理、信息化建设、宣传教育等方面取得了显著成效，推动了人口计生工作水平的不断提高。国家、省、市人口计生委先后推广了该区的经验做法。就此，本报记者对四方区人口计生局局长张平进行了专访。

本报记者：随着城市化进程和旧城改造步伐的不断加快，流动人口、人户分离等现象给城市人口计生工作带来许多难题。四方区是如何破解这些难题的？

张平：四方区自2008年以来，在全区92个社区建立了人口计生工作站，壮大了社区人口计生工作力量，有效促进了基层工作的落实。社区人口计生工作站设站长1人，由社区书记或主任担任；副站长1人，由社区专职计生主任担任；成员3～5人，由社区协助从事计生工作的人员、楼组长、物业公司人员、社区民警、劳动协管员、协警员、党员骨干分子、社区计生志愿者等组成，建立起了以社区人口计生工作站为主体、以楼组长为骨干、以其他社区力量为补充的社区人口计生网络体系。社区人口计生工作站在街道计生办的业务指导下，按照《青岛市社区居委会人口计生工作规范》开展日常管理和服务工作，区人口计生局对全区薄弱社区实行定向包点，经常进社区帮助居民解决实际困难，确保社区人口计生工作规范运行。区财政每年从人口计生专项事业经费列支，为每个社区人口计生工作站拨付不低于1000元的办公经费，为社区人口计生工作的开展提供财力支持。

针对城区企业多、外来人口稠密的情况，四方区建立健全"属地管理、单位负责、部门配合、居民自治、社区服务"的流动人口计生服务管理机制，实行"1234"工作法（1个网络、2项制度、3项服务、4项管理），促进了流动人口"一盘棋"工作格局的形成。1个网络：即建立流动人口计生服务管理网络。街道、社区分别成立了流动人口计生服务管理领导小组，将辖区划分为若干个小区，每个小区设一名小组长，负责整个小区的流动人口计生服务管理工作，再以每栋楼为单位，每栋楼设一名楼长，作为该栋楼的流动人口信息员；在企业成立计划生育协会，负责本企业的人口计生工作，形成"一区一组长，一楼一楼长，一企一协会"的流动人口网络服务管理体系。2项制度：清理清查工作制度和部门配合管理制度。联合公安、工商、房管、建管等部门，对居住小区、出租房屋、个私企业的流动人口进行定期不定

期的上门登记,及时掌握其婚育情况及节育措施落实情况。3 项服务:分别是优生
优育优教指导服务、生殖健康保健服务和政策法规宣传上门服务。4 项管理:即网
络队伍管理、出租房屋管理、个私企业管理和档案管理。

为解决拆迁户、空挂户、集体户的计生管理难题,四方区还与相关区(市)建立
信息通报和委托管理制度,建立畅通的信息渠道,理顺工作责任;对育龄妇女建立
电话随访制度,对重点人员建立上门走访和跟踪服务制度;对拆迁社区和农工商公
司建立人口计生工作单项考核制度,加强日常工作监控;与区物业办建立工作联动机
制,做好新建小区回迁及新入住居民的登记建档及宣传服务等工作,杜绝管理漏洞。

**本报记者:加快信息化建设是提高人口计生管理服务水平的重要手段。请张
局长简要介绍一下四方区以信息化建设为突破口,提升人口计生工作水平的做法。**

张平:近年来,四方区积极打造"三大系统",搭建人口计生信息服务载体。第
一,建立计生电子地图。2007 年,四方区将计生 WIS 系统与城区地理管理系统对
接,研发了计生电子地图。以"全貌划片、楼况显示、户况清楚、分类概况明晰"为设
计理念,设立了区、街、居三级用户,根据各级用户的自身需求,分别提供综合查询、
数据分析、信息提醒等功能。各级用户进入系统后,可直观地了解辖区楼座分布情
况,并可通过人名、地址、楼座、婚育情况进行查询,为基层社区人口计生工作提供
了内容全面、形象直观的信息引导工具。

第二,搭建部门信息交流平台。利用电子政务网络,构建起计生、民政、卫生、
劳动、工商等部门信息交流平台,每月定期更新业务数据,形成了"部门配合、信息
集中、各取所需"的信息资源共享机制。计生部门定期从信息交流平台获取结婚、
怀孕、生育、节育、出生、迁入、迁出等信息,将其及时录入本区育龄妇女大型数据库
WIS 系统,实现了"部门信息网上联通、双向交流、自动对比提示、一键进入 WIS 系
统"的工作目标,为及时开展人口计生管理服务提供了有效的信息支持。

第三,实施电子"一证制"。投入专项资金 20 余万元,为婚姻登记处、计划生育
服务机构及开展接生业务的医院配备了已婚育龄妇女实名登记电子"一证制"设
备,建立了专用网络,健全了卫生、民政等部门与计生部门之间的信息通报制度,实
现了各类信息的实名登记以及区、街、居三级信息的网上实时自动分离、交流和汇
总,大大提高了源头信息的准确率。

**本报记者:人口计生宣传教育是转变群众婚育观念的根本举措。2007 年,四
方区被评为全国婚育新风进万家活动先进区。请张局长介绍一下四方区开展人口
计生宣传教育工作情况。**

张平:四方区立足"部门联合共赢、群众参与互动、文化渗透相融、宣传关爱并

行"的人口计生宣传教育工作格局,建立完善"社会化、大众化、多元化、人性化"工作机制,广泛开展了一系列宣传教育活动,营造了较大的人口计生宣教声势,有效推动了人口计生工作的顺利开展。一是部门联合共赢,建立"社会化"计生宣传联动机制。以计生为主导,联合宣传、文化、教育、民政、卫生、工青妇等部门共同参与,开展宣传教育大联动活动,每年定期举办"国策情"文艺专场演出,形成了令人眼前一亮的文化品牌;积极组织和参加各类宣传大集,大范围、多角度、多层面地宣传各项计生法律法规、利导政策和科普知识;积极协调新闻媒体,及时宣传报道人口计生工作动态及典型做法。二是群众参与互动,建立"大众化"计生宣传互动机制。满足群众求富、求知、求美、求乐的需要,实施宣传精品入户工程,将印有人口计生政策法规、生殖健康、避孕节育等知识的围裙、挂历、书签等送到群众手中;在交通要道、市场等人群密集的场所设置了一批规范化的计生宣传标语、公益广告,常年展示;在写字楼、酒店、宾馆、商场等近 90 个场所开展了计生宣传楼宇联播,滚动播放计生公益广告,将计生宣传与服务送进了家庭,送进了社区,融入了社会生活的方方面面。三是文化渗透相融,建立"多元化"计生宣传融合机制。将计生宣传与繁荣文化事业、发展文化产业有机融合在一起,把婚育新风宣传与"糖球会""邻居节""市民读书节""群众文化艺术节"等特色节会结合起来,成立社区计生宣传队,不拘一格地开展人口文化活动,一年一个新亮点。先后开展了"构建和谐邻里,建设幸福家庭"自制手绘报纸大赛、纪念《关于控制我国人口增长问题致全体共产党员、共青团员的公开信》发表 30 周年等宣传活动;将婚育新风融进新型文化社区建设之中,建立人口学校和计生协会会员之家,配备了必要的电化教学设备、计生图书角和生育文化传递袋,形成了综合性的生育文化阵地;将计生宣传与校园文化结合起来,开展了青春健康教育活动,为青少年健康成长创造了良好的环境。四是宣传关爱并行,建立"人性化"计生宣传服务机制。认真宣传落实计划生育各项利益导向政策,在一定程度上解除了群众的后顾之忧;开展了关爱"空巢老人""流动儿童"等活动,体现了党和政府对计划生育弱势群体的关爱;大力开展"关爱女孩行动",2009 年首次开展了"四方区十佳女孩"评选表彰活动,并形成长效机制,为女孩健康成长营造了良好的社会环境和舆论环境,从而促进群众婚育观念的转变。

（《青岛财经日报》2010 年 10 月 20 日 B3 版）

加强高层倡导,着力综合协调,
有效促进低生育水平适度稳定

　　胶南市坚持把稳定低生育水平作为统筹解决人口问题的重中之重。近年来,人口计生部门充分发挥参谋助手作用,加强高层倡导,综合协调,进一步建立并完善计生利益导向机制,强化管理服务措施,探索建立了适应农村人口计生工作需要的"一库四平台"信息管理系统,取得了显著成效,促进了低生育水平的适度稳定。多项经验做法在全市、全省被推广。就此,本报记者对胶南市人口计生局局长臧明运进行了专访。

　　记者:完善利益导向政策,解除群众的后顾之忧,对于稳定低生育水平至关重要。请问臧局长,胶南市在建立完善计生利益导向政策方面做了哪些探索?

　　臧明运:胶南市在建立完善计生利益导向政策的同时,探索建立了制约机制,体现公平、公正,切实让计生家庭得实惠。一是建立并完善计生利益导向政策。2006 年,市政府出台了《关于建立独生女孩家庭母女大病医疗保险机制的意见》,市财政每年投入 24 万元,对 0～14 岁农业户口独女家庭的母女,自领取独生子女父母光荣证之年起,按照每位母亲每年 120 元、每位女孩每年 100 元的标准,一次性缴纳大病医疗保险费,2009 年起扩展为"疾病医疗保险",给独女家庭以医疗保障。2009 年 12 月,市委、市政府制定并出台了《关于进一步完善人口和计划生育利益导向政策的意见》,除严格落实国家、山东省和青岛市人口和计划生育利益导向政策外,在住房、就业、保险待遇等方面,给予计生家庭更多优惠,实现普惠政策与计生惠民政策的有效衔接。例如,对符合购买经济适用房条件的本市独生子女家庭给予 100 元/平方米的优惠;从扶持全民创业和扶持城镇弱势群体就业创业的贴息资金预算总额中拿出 3‰,每年约 90 万元,专项用于独生子女家庭再贴息等。二是实施社会征信管理。今年市委、市人民政府以"两办"的名义出台了《关于对计划生育实施社会征信管理的意见(试行)》,对违法生育的人员,在其享受胶南市级及以下公共财政投入的惠民政策、参选各级代表委员、就业、贷款等方面实施一定制约,在全社会营造依法、公平、有序的生育环境,引导群众自觉落实计划生育政策。

　　记者:当前,群众的婚育观念还没有发生根本转变,违法生育现象依然存在。请臧局长谈谈胶南市是如何遏制违法生育行为的。

　　臧明运:近年来,胶南市采取系列措施,有效遏制违法生育行为及错报、瞒报、漏报现象。第一，市委、市政府高度重视，切实把稳定低生育水平作为现阶段人口计生工作的首要任务，先后以"两办"名义出台了《关于规范和加强社会抚养费征收管理工作的意见》《关于做好单位（企业）人口和计划生育工作的意见》和《关于实行人口和计划生育黄牌警告、红牌警示和一票否决的实施意见》等文件，规范了社会抚养费征收管理工作，明确了部门、企业开展人口计生工作的要求和相关规定，加大了对各级各部门的考核力度；市人口和计划生育领导小组制定并出台了《胶南市关于继续实行违法生育有奖举报的公开信》，继续坚持对违法生育现象实行有奖举报的规定，尽最大努力在基层解决瞒报、漏报违法生育问题。

第二，加强与公安部门的协调配合，率先在全市建立了"落户红绿灯信息系统"。依托该系统，公安部门在办理出生落户时，首先查询申请落户人员的计划生育情况，对无违反计生政策的显示绿灯，予以即时落户；对显示红灯的暂缓落户，其依法提供有效证件、资料，显示绿灯后，再予落户。除此以外，系统还可以对迁入、迁出信息录入、反馈。该系统改变了过去要核对计生数据必须到派出所打印纸质信息的工作模式，提高了工作效率和工作质量。应用该系统，计生部门根据公安部门提供的信息，及时发现违法生育等情况，有效遏制违法生育及错报、瞒报、漏报现象。

第三，依托"一村两会"，引导育龄群众少生快富。针对近年来农村兴起的特色产业，胶南市以村（居）为单位，以行业协会为先导，计生协会做保障，把计生协会与行业协会组织合二为一，形成特色鲜明的"一村两会"新模式。将所有育龄群众发展为"两会"会员，在举办行业协会培训班的同时宣传计生政策法规、生殖保健知识等，避免了计生宣传培训或专业培训的单一性，提高了群众的学习兴趣和参与的积极性。许多刚刚富裕起来想再生育的群众，通过参加学习培训，充分认识到了自己思想观念的陈旧，逐步放弃了再生育的念头，以更加饱满的热情投入特色农业生产中，少生快富奔小康。

第四，建立"以房管人"工作机制，实现村（居）流动人口服务管理全覆盖。针对城区流动人口急剧增加的状况，胶南市坚持"谁出租谁负责、谁经营谁负责、谁用工谁负责"的原则，在广泛开展宣传，采取多种措施确保信息准确、服务管理落实到位的基础上，创建"以房管人、以静制动"工作机制，提高全员流动人口管理水平。一是签订协议书，实行协约式管理。村（居）委会通过加强对出租户的管理，实现对租房户中流动人口的有效管理，按照要求与房屋出租户签订《出租户计划生育协议书》，按协议要求配合管好租房户中的流动人口，将对流动人口的管理细化分散到各个出租户中。二是修订《村（居）民自治章程》，实行制约式管理。充分利用《村

(居)民自治章程》对村(居)民的制约作用,严格落实流动人口计生管理方面的规定,将房主与租房户捆绑管理,规定房主监督租房户中流动人口计划生育情况,并承担与租房户中流动人口计生相关的责任,租房户中流动人口违反计划生育政策或不配合计生工作,将取消房主全家在本村(居)的福利待遇。通过"以房管人"细胞工程的全面推广和实施,保证了流动人口信息底数清晰,管理服务到位。

记者:今年胶南市在全省率先创建了"一库四平台"计生信息管理系统,进一步提高了计生管理服务水平,对于全省县级人口基础信息共享平台建设具有很好的借鉴意义。请臧局长简要介绍一下。

臧明运:自 2007 年起,我市率先建立了部门信息共享交流平台,逐步实现了民政、卫生、公安、工商、劳动保障、人口计生六部门的信息交流和共享,连同已建立的延伸至每个村(居)的专线专网,全市形成了"一纵一横"信息互通和直报网络。2009 年以来,不断加大自主研发力度,累计投入 300 余万元,探索建立了适应农村人口计生工作需要,融信息共享、交流、使用于一体的"一库四平台"信息管理,即 WIS 系统人口数据库、部门信息管理平台、人口和计划生育管理平台、人户分离人员管理平台和落户迁移信息实时交换平台,形成了横向交接、纵向到底、利用率高、责任清晰的信息化支撑体系。

"一库四平台"使信息来源由"单一化"走向"多元化",使信息获得由"滞后性"转为"实时性",使基层工作由"粗放型"转为"精细型",最大限度地减少了漏统、漏管和错报、瞒报行为,提高了计生服务管理水平。其中,"落户迁移信息实时交换平台"被国务院办公厅评为"电子政务效能管理优秀应用案例","部门信息管理平台"今年被山东省确定为人口基础信息共享平台建设基本框架,相关技术人员受邀参与省平台的研发建设,为全省人口信息化工作做出了积极贡献。

(《青岛财经日报》2010 年 11 月 10 日 B4 版)

创新思路，倾心惠民，
推动人口计生工作实现新突破

近年来，胶州市以争创全国计划生育优质服务先进市为总目标，创新思路，强基提质，倾心惠民，推动人口计生工作实现新的突破，在宣传教育、依法行政、优质服务、村（居）民自治等方面取得了显著成效。国家、省、市人口计生委先后推广了该市的经验做法。就此，本报记者对胶州市人口计生局局长李宝帅进行了专访。

记者：近年来，胶州市牢固树立"计生就是民生，民生就是责任"的意识，推出了"计生服务惠万民"等新举措，请李局长简要介绍一下。

李宝帅：坚持以民为本、服务至上、主动创新的原则，转变工作方式方法，实现工作重心由机关向基层转变，工作方式由考核向服务转变，工作重点由执法向预防转变；转变工作理念，实现计生服务管理水平的明显提升；创新工作载体，逐步建立并完善利益导向、宣传教育、综合服务、科学管理、依法行政"五位一体"工作机制，实现奖扶政策、行风建设、信息共享、婚育新风、技术服务全面落实，互融共促，惠及万民。探索完善计生利导政策，提高对计生困难家庭扶助标准，对独生子女死亡的，由原来每人每月 100 元提高到每人每月 140 元，对伤残者、病残者，由原来每人每月 80 元提高到每人每月 120 元；联合劳动部门出台了《关于调整企业职工生育保险医疗费标准的通知》，将顺产医疗费由 980 元提高到 1400 元，剖宫产医疗费由 2000 元提高到 3000 元，并进一步扩大报销范围。

记者：今年，胶州市将"强基提质"工程作为全年工作的统领，并将 2010 年确定为"计生服务管理提升年"，请李局长介绍一下具体做法。

李宝帅：首先，突出宣传教育的先导地位，构建立体化宣传平台，在转变群众婚育观念上下功夫。一是"空中四有"，即电台有声、电视有影、报纸有专栏、网站有窗口，营造浓厚的舆论氛围。在市广播电台、电视台、报社、网站开辟了《国策计生》专栏，宣传人口计生工作动态和政策法规等内容；定期参加《行风在线》直播节目，解答群众关心的热点、焦点问题，今年已做客 2 次，现场解答群众提出的问题 18 条，群众满意率达 100%；积极参与网络问政，通过胶州政务网、人口计生局域网等平台，主动公开部门信息，为育龄群众提供更加便捷的咨询服务，共受理解决群众咨询 53 余人次。二是"地面四有"，即有入户宣传、有环境宣传、有车队宣传、有文化宣传。今年发放计生宣传手册 2 万余本，宣传折页 6 万余张，宣传品入户率超过

99％；全市 878 个村（居）都有图文并茂的上墙标语，268 个居民小区有精美的计生文化宣传牌，100 条城乡主干道有永久性瓷砖宣传牌，120 个重点村（居）有和谐人口文化示范街，人口文化环境建设覆盖率达 100％；组建了由 18 辆大型宣传彩车组成的人口计生宣传车队，深入城镇、村居巡回宣传，全年出动 800 车次，每天行程达 200 千米，今年 5 月份，人口计生宣传彩车开进了第二届中国秧歌节，提高了全社会对人口计生工作的关注；结合胶州传统的茂腔、秧歌等艺术表现形式，开展"计生大戏乡村行""计生电影村村行""计生家庭秧歌队"展演等活动，推进了群众对人口计生工作的理解和支持。

其次，突出"四抓"，确保管理服务到位。一是抓责任追究，提升孕环情检测水平。将实名电子信息化应用于孕环情检测，通过虹膜和身份证双重验证，确保孕检人员身份准确；建立漏检人员"四职"责任人签字上报制度。二是抓依法行政，提升社会抚养费征收到位率。建立了"112"依法行政长效执法机制，即成立 1 支法院、公安、计生、广电联合执法队伍，规范 1 套严格执法流程，每月至少组织 2 次集中执法行动。今年以来，已开展代号为"拂晓行动"的集中执法 13 次，执行到位率超过 85％。三是抓出租房屋管理，提升流动人口管理服务水平。落实房主计生责任制，全面掌握流动人口的基本情况，做到底数清、流向明、婚育信息准确无误。四是抓技术服务规范，提高长效节育措施落实率和服务水平。长效避孕节育手术统一由市计生技术服务中心定点组织实施，对地域偏远、交通不便的，组织技术人员，携带仪器、设备上门服务。

记者：近年来，胶州市全力争创全国计划生育优质服务先进市，今年通过了初审。请问李局长，胶州市是如何实现计划生育优质服务提质提速的？

李宝帅： 在完善服务体系建设，市、镇、村三级计生服务机构全部达到了"两化"建设要求的同时，抓好一些关键环节。第一，着重加强队伍能力建设，打造职业化队伍。一是提高准入门槛。要求新进技术服务人员必须具有医学专业本科以上学历，从事技术服务手术必须具备 2 年以上工作经验。先后选聘 90 名具备相关专业学历的技术人员充实到市、镇两级服务机构。二是提高服务技能。实施分级指导、分类培训，全面开展"大学习、大比武、大练兵、大竞赛"活动。今年邀请上级专家集中授课 7 次，举办各类技术服务培训班 66 期，到上级医院进修学习 20 余人次。三是建立"一证双评"机制。市人口计生领导小组出台了《关于建立〈村计生主任任职资格证〉制度的实施意见》，每年组织村计生主任进行任职资格考试，对考试合格且胜任工作的，发给任职资格证书；对考试不合格且不能胜任工作的，实行末位淘汰。建立人口计生工作定期分析点评制度，每月一次组织分管领导、计生办、村计生主任召开工作点评会议,及时总结经验,查摆问题,抓好督促落实;实行绩效考评,把工作动态考核和对村庄日常监控相结合,把工作实际和考核成绩相结合,每季度考评一次,年终进行总评,依据审验成绩和日常工作绩效确定考核等次,有效地将工作落到实处。

第二,实行"双员双管",破解城市社区计生管理服务难题。印发了《关于在全市社区中推行"双员双管"制度的实施意见》,在每800户左右为社区配备一名计生协管员的基础上,通过购买物业劳动的方式再选聘一名助管员,协助居委会主任或计生协管员做好计生宣传、入户调查和管理服务等工作,实行"双员双管"。目前,全市268个小区已配备协管员180人、助管员270人。

第三,全面实现村级计生信息"专机专线",提升管理服务水平。根据镇、村不同经济状况,按不同比例负担解决经费问题,全市微机配备到位率达100%;投资60万元配备大型专用服务器、杀毒软件,租用专门计生网线,实现了村、镇、县、市、省五级信息网络的互联互通;研究制定《胶州市电子"一证制"实施方案》,搭建部门信息交流、育龄妇女信息管理、计生办公自动化信息三个平台,实现了出生信息、结婚登记信息和村级孕环情监测电子"一证制"的应用。

记者:胶州作为全市唯一的全国计划生育协会工作先进市,在推进村(居)民自治方面取得了有益经验。请李局长结合今年修订的《村规民约》简要谈一下胶州市的经验做法。

李宝帅:一是强化宣传。召开计生、民政联席会议,进行专题动员部署,要求各村广泛深入宣传实行计划生育村民自治、修订《村规民约》的重大意义,宣传育龄群众的权利、义务以及实行村民自治给群众带来的实惠,调动广大群众参与修订《村规民约》的积极性。二是确保程序合法。按照民主决策的程序,由村"两委"和村计生协会结合本村计生工作实际、村集体收益等情况,以示范文本为框架,起草讨论稿,发到各户,征求意见,向村民公告酝酿讨论《村规民约》初稿的有关事项及公告期,公告期满后根据群众的不同意见、建议进行讨论修改,再发到各户,征求意见,定稿以后召开村民代表大会,表决通过。三是分类指导,完善内容。各镇(街)机关干部深入村(居),全程参与、跟踪指导,确保修订的条款内容符合村情。将计生利益导向政策、推进男女平等、移风易俗等内容纳入《村规民约》和《自治章程》中。例如,在宅基地划分、土(林)地承包中优先安排独生子女户、双女户。目前,群众对相关内容的知晓率超过98%,男女平等、少生优生等新型婚育观念蔚然成风。

(《青岛财经日报》2010年11月17日B2版)

完善政策，深化服务，
努力为经济社会发展创造良好人口环境

作为全市经济技术开发区，近年来，黄岛区坚持以人为本，关注民生，统筹解决人口问题，努力为经济、社会、资源、环境协调发展和可持续发展创造良好的人口环境。黄岛区在完善计生利益导向政策、深化计生优质服务等方面，取得了显著成效，国家、省、市人口计生委先后推广了其经验做法。就此，本报记者对黄岛区计生卫生局局长韩福金进行了专访。

记者：近年来，黄岛区不断完善计生利益导向政策，使计生家庭享受更多实惠，从根本上解除了后顾之忧。请韩局长谈谈黄岛区的经验做法。

韩福金： 近年来，黄岛区在全面落实国家、省、市已出台的各项奖励扶助政策的基础上，结合实际，进一步完善计生利益导向机制。

第一，在普惠政策中体现对计生家庭的优先优惠。在全区制定涉及居民奖励和普惠政策时，优先考虑计生家庭，优惠标准高于其他家庭 5% 以上；在劳动就业方面，对男年满 35 周岁、女年满 30 周岁的独生子女户、双女户父母优先进行免费技术培训；在教育方面，独生子女享有优先入学、升学、杂费减免、书费补助等方面的优惠；在医疗方面，实施住院分娩补助 500 元的优惠政策，各医院还对 16 岁以下独生子女就医免收挂号费，住院床位费减免 10%；在福利分配方面，大部分社区在落实社区生活福利时对独生子女户增加份额或提高标准 5%～10%，部分社区还对计生家庭的"双气"费用和物业费进行减免。

第二，加大对计生困难家庭的扶助力度。对特困独生子女家庭给予 500～1000 元帮扶救助，2004 年以来共对享受低保的 383 户独生子女特困家庭发放扶助金 28.4 万元；对未成年独生子女病残的家庭，每年每户发放 1000 元救助金；对未成年独生子女意外死亡、伤残或患重大疾病造成家庭困难的，视情况给予 1000～5000 元的一次性救助金，制度推行以来共对 393 户进行救助，发放公益金 47.06 万元；对城乡低保家庭中的独子户、双女户在发放最低生活保障金的基础上，再给予每人每年 60 元生育补助，对农村低保独生子女家庭每户每年增加 480 元生活补助。

第三，完善社会保障政策，解除计生家庭的后顾之忧。一是实现农村户口育龄妇女的生育保险全覆盖。对农村夫妇一次性报销 200 元孕期保健费和 400 元住院分娩费。二是建立了城镇独生子女大病医疗保险制度,自 2006 年实施以来,共为 98 户独生子女户、双女户报销 11 万余元。三是建立起多形式养老保险制度。全区建立了农工商企业养老保险、个体经济养老保险和农村养老保险多险种并存的保障制度,将全区农民全部纳入保障范围,退休时每人每月至少可以领到 305 元退休金,从根本上解决了农民实行计划生育的后顾之忧。

记者:近年来,黄岛区发挥育医结合优势,全方位为育龄群众做好优质服务,赢得了社会各界人士的高度评价和育龄群众的普遍欢迎。请韩局长简要介绍一下。

韩福金:首先,实施婚、孕、育系列免费政策。一是实行婚前、孕前保健免费。相继出台了《黄岛区免费婚前检查实施办法》《青岛经济技术开发区管理委员会关于实施优生工程的意见》等文件,规定夫妇一方为黄岛区户籍的青年,可免费享受 30 元/人的婚检套餐服务;免费向夫妇一方或双方为黄岛区户籍的待孕夫妇提供价值 100 元/人的优生筛查服务;向区内农村户籍的待孕女性免费发放叶酸,降低出生缺陷的发生风险。二是开展免费孕期保健服务。自 2009 年开始向符合计生政策但未参加城镇职工生育保险,夫妇双方或一方户籍在黄岛区及在黄岛区居住一年以上的流动孕产妇,提供 96 元/人的建档册优惠服务;向符合条件的孕妇开展了 156 元/人的免费产前筛查和免费艾滋病筛查服务。三是实施 0~3 岁儿童保健基本公共卫生项目,向每位 0~3 岁的儿童提供 8 次免费查体和 3 次免费查血的保健服务。

其次,积极开展优生系列工程。一是开展孕前保健服务。一方面,做好出生缺陷一级预防干预。区计划生育服务站成立了孕前医学服务中心,建立孕前服务机制,针对婚前性行为等,在婚前医学检查的基础上,将预防出生缺陷关口前移,实施婚前优生指导。另一方面,针对部分青年男女新婚、孕前保健脱节现象,建立孕前优生健康档案,发放《孕前保健手册》,实现婚前、孕前保健连贯服务,对有不良孕产史、高龄受孕的妇女和有遗传病史的高危夫妇,实行婚前、孕前重点监护。二是加强孕期保健管理服务。完善早孕建册服务,对怀孕三个月内的孕妇全部实施统一早孕建册,并在孕期卫生、营养、心理等方面给予指导,对胎儿的生长发育和孕产妇的健康情况进行系统监测,开展免费优生四项、艾滋病筛查,进行高危妊娠筛查,实行免费产前筛查等多项优惠免费服务,自 2007 年以来早孕建册 22300 人,做过优生四项筛查的人数为 15502 人,做过产前筛查的人数为 16004 人;做好出生缺陷二级干预,凡夫妻双方或一方为黄岛区户籍人口,并且妻子被纳入孕产妇系统管理,均可免费享受孕早期唐氏综合征、无脑儿等的筛查和艾滋病的复查等服务,目前,共筛查孕妇 7109 例,通过筛查发现 361 人具有高风险,经过追访,这 361 人均及时参加了进一步产前诊断,有效预防了出生缺陷;做好高危妊娠管理服务工作,认真做好高危妊娠筛查,对发现的高危孕产妇实施专案管理,密切随访,发现问题,及时做出处理,建立健全孕产妇、新生儿危重病例治疗与转诊绿色通道,最大限度地降低妇女妊娠及分娩风险,减少围产儿死亡率。仅 2009 年,全区共成功抢救危重孕产妇 40 例,高危妊娠管理服务率为 100%。

记者:近年来,黄岛区积极推行"均等化"服务,努力实现流动人口与户籍人口"同宣传、同服务、同管理"的要求,请韩局长简要介绍一下。

韩福金:一是经费投入均等。在经费支出中,将流动人口和户籍人口的计生经费按统一标准纳入区、街两级财政,人均达到 50 余元。二是服务管理均等。对流入已婚育龄妇女,与户籍人口一样免费提供查体服务、避孕药具等,开展孕环情咨询与检测、产后术后咨询指导及随访服务等。年均参加检查的流入已婚育龄妇女达 46000 余人次。三是宣传教育均等。及时向流动人口宣传计生政策法规、生殖健康常识和便民服务措施等,确保流动人口的知情权。2009 年共发放《致新市民的一封信》《流动人口关爱服务手册》等宣传材料 55000 份。通过印发这些宣传材料,将流入人员办理各类证件的方法、程序,区、街各职能部门的地址、电话、所提供的服务项目一并告知,为他们在异地从业、生活提供帮助。四是子女入学及获得救助机会均等。流动人口子女与户籍人口子女一样享受平等的入托、入学权利,在帮困救助方面,流动人口也享受与户籍人口同等的待遇。据统计,全区流动人口子女在校生达 2800 余人,去年以来已有 16 人获得免除学杂费的待遇,其中,3 户家庭还获得了困难补助。五是生活权益保障均等。依法落实流出人口及其家庭应该享有的奖励优惠政策,加强对流动人口家庭的上门访视工作,建立定期联系制度,尽力帮助流出人口解决家庭困难,2009 年全区 6 个街道办事处共上门为 31 户家庭解决具体困难;有条件的街道、社区免费对流动人口开放图书、报刊的阅览,免费提供健康娱乐场所和设施;为流动人口提供就医、就业、务工、经商、法律维权等方面的服务,解决他们在异地生活和就业中遇到的各类问题。

（《青岛财经日报》2010 年 11 月 24 日 B4 版）

后 记

改革开放 40 多年来,青岛市从严格控制人口增长、稳定低生育水平,到统筹解决人口问题、促进人的全面发展,人口计生基本公共服务逐步实现从单纯的计划生育向婴幼儿早期教育、优生优育、中老年生殖保健、疾病预防控制等人的生命全程服务转变。如今,身心健康、婚育文明、生活宽裕、求知育才、和谐幸福的"甜蜜之家"遍布岛城。

近年来,随着人口问题的焦点由过剩向老龄化转移,有人认为计划生育的历史使命已经完成,似乎不需要"计划"了。对此,本人愿竭诚呼吁不应将计划生育单纯地理解为"少生",而应该有计划地生育,促进人口与经济、社会、资源、环境协调发展和可持续发展。调整生育政策、鼓励生育,也是计划生育。鉴于此,本书更有其意义和价值。

呈现在读者面前的这本书,是本人从近 30 年发表的有关卫生和计划生育工作的上千篇文章中择优结集而成,主要展示了青岛市各级、各部门推进婚育新风尚、提高人口素质、促进家庭和谐幸福的历程,展现了社会各界为计划生育国策和人民的健康呕心沥血、无私奉献的风采,字里行间折射出我国从控制人口数量,向以人为本、健康促进、公共服务、统筹发展体制机制的转型。本书是青岛市实行计划生育、推进公共服务、促进人民健康和家庭幸福的真实写照。全书有消息、通讯、特写、调查报告、述评等,具有较强的可读性。

近年行政区划和机构名称变化较大,但因为文末注有文章的发表时间,所以不再一一注明行政区划和机构名称的变更。在部分作品上与报社记者、领导、同事联合署名,特在书中做了标注。

由于水平有限,书中可能有不当之处,敬请各位同仁批评指正。

陈素平

2022 年 3 月